"十四五"职业教育国家规划教材

新编21世纪高等职业教育精品教材

智慧财经系列

《政府会计实务（第六版）》
单元实训手册

主编◎李启明　李君梅

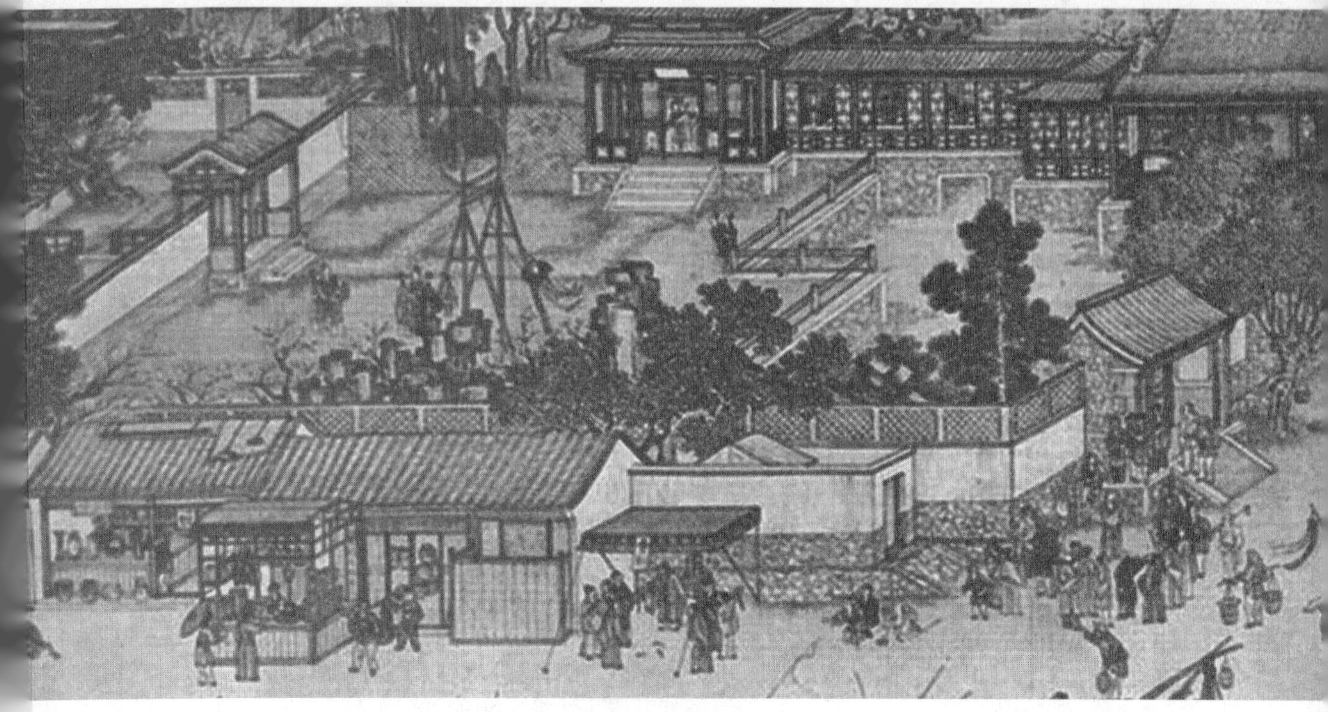

中国人民大学出版社

·北京·

图书在版编目（CIP）数据

《政府会计实务（第六版）》单元实训手册 / 李启明，李君梅主编．--北京：中国人民大学出版社，2025.2. --（新编 21 世纪高等职业教育精品教材）．
ISBN 978-7-300-32964-2

Ⅰ．F810.6

中国国家版本馆 CIP 数据核字第 2024WM3988 号

“十四五”职业教育国家规划教材
新编 21 世纪高等职业教育精品教材·智慧财经系列
《政府会计实务（第六版）》单元实训手册
主　编　李启明　李君梅
《Zhengfu Kuaiji Shiwu（Di-liu Ban）》Danyuan Shixun Shouce

出版发行	中国人民大学出版社		
社　　址	北京中关村大街 31 号	邮政编码	100080
电　　话	010－62511242（总编室）		010－62511770（质管部）
	010－82501766（邮购部）		010－62514148（门市部）
	010－62515195（发行公司）		010－62515275（盗版举报）
网　　址	http://www.crup.com.cn		
经　　销	新华书店		
印　　刷	北京溢漾印刷有限公司		
开　　本	787 mm×1092 mm　1/16	版　　次	2025 年 2 月第 1 版
印　　张	7.25	印　　次	2025 年 2 月第 1 次印刷
字　　数	167 000	定　　价	26.00 元

前 言

为了满足职业院校财经类专业"政府会计实务"课程实践教学的需要，我们根据《政府会计实务（第六版）》教材编写了配套的《〈政府会计实务（第六版）〉单元实训手册》。

本书以习近平新时代中国特色社会主义思想为指导，全面融入党的二十大精神，始终把提高学生的思想道德素质与专业素养融为一体，培养学生诚实守信、爱岗敬业等优秀品质，为中国式现代化建设提供高技能人才支撑。本书在编写过程中围绕政府会计基础知识和基本核算业务，采用项目式编写体例进行编写。每个项目基本对应配套教材相应项目设计训练题目。训练题型分为两大类：一类是为课后巩固政府会计基础知识设计的客观训练题，包括单选题、多选题、判断题；另一类是为课后加强基本核算业务、帮助读者熟练掌握常见经济业务的会计处理方法设计的业务题。

本书由陕西财经职业技术学院李启明、李君梅担任主编。李启明负责拟定编写大纲并编写上篇，李君梅负责编写中篇和下篇。本书在编写过程中参考了有关资料，在此向相关专家和学者表示感谢。

由于编者水平有限，书中难免有不妥与疏漏之处，敬请读者批评指正。

编者

目 录

上篇 政府会计基础与初级实务

中篇 政府会计中级实务

下篇 政府会计高级实务

上篇　政府会计基础与初级实务

项目一　政府会计基础知识

一、单选题

1. 我国现行会计标准体系分为（　　）。

A. 财务会计准则体系和管理会计准则体系

B. 企业会计准则体系和预算会计准则体系

C. 企业会计准则体系和政府会计准则体系

D. 企业会计准则体系和事业会计准则体系

2. 财政部 2015 年 10 月 23 日发布的《政府会计准则——基本准则》（中华人民共和国财政部令第 78 号）自（　　）起施行。

A. 2016 年 1 月 1 日　　B. 2017 年 1 月 1 日

C. 2018 年 1 月 1 日　　D. 2019 年 1 月 1 日

3. 财政部 2017 年 10 月 24 日印发的《政府会计制度——行政事业单位会计科目和报表》自（　　）起施行。

A. 2018 年 1 月 1 日　　B. 2019 年 1 月 1 日

C. 2020 年 1 月 1 日　　D. 印发之日

4.《政府会计准则制度解释第 3 号》印发时间为（　　）。

A. 2018 年 10 月 1 日　　B. 2019 年 10 月 18 日

C. 2020 年 10 月 11 日　　D. 2020 年 10 月 20 日

5.（　　）中明确了政府会计的目标、会计主体、会计信息质量要求。

A. 政府会计准则——基本准则　　B. 政府会计准则——具体准则

C. 政府会计制度　　D. 政府会计准则应用指南

6.（　　）用来具体规范政府会计主体发生的经济业务或事项的会计处理原则，详细规定经济业务或事项引起的会计要素变动的确认、计量、报告。

A. 政府会计准则——基本准则　　B. 政府会计准则——具体准则

C. 政府会计制度 D. 政府会计准则应用指南

7. 政府会计要素包括（ ）。

A. 财务管理要素和预算管理要素 B. 财务会计要素和预算会计要素

C. 财务分析要素和预算分析要素 D. 货币资金要素和非货币资金要素

8. 下列有关政府财务会计要素的表述中，正确的是（ ）。

A. 资产是由政府会计主体当前的经济业务或事项形成的

B. 资产可以不由政府会计主体所控制

C. 长期借款属于流动负债

D. 负债由政府会计主体过去的经济业务或事项形成，是政府会计主体承担的现时义务

9. 下列负债科目中，属于行政单位专属科目的是（ ）。

A. “应付政府补贴款” B. “应付利息”

C. “应付账款” D. “预收账款”

10. 下列预算支出类科目中，属于行政单位和事业单位共有科目的是（ ）。

A. “其他支出” B. “行政支出”

C. “债务还本支出” D. “上缴上级支出”

11. 下列收入类科目中，属于行政单位可以使用的是（ ）。

A. “财政拨款收入” B. “事业收入”

C. “经营收入” D. “上级补助收入”

12. 下列会计科目中，属于事业单位专属的预算结余类科目的是（ ）。

A. “财政拨款结转” B. “财政拨款结余”

C. “其他结余” D. “非财政拨款结余分配”

13. 政府会计主体应当编制（ ）报告和（ ）报告。

A. 决算；财务 B. 预算；决算

C. 收支；财务 D. 总账；明细

14. 政府决算报告是（ ）。

A. 综合反映政府会计主体年度预算收支执行结果的文件

B. 反映政府会计主体某一特定日期的财务状况的文件

C. 反映政府会计主体某一会计期间的运行情况的文件

D. 反映政府会计主体某一会计期间的经营成果的文件

15. 政府财务报告包括政府（ ）财务报告和政府（ ）财务报告。

A. 综合；部门 B. 收入；支出

C. 资产；负债 D. 收入；费用

16. 政府财务报告的财务报表包括（ ）和（ ）。

A. 会计报表；附注 B. 财务报表；附注

C. 资产负债表；附注 D. 资产负债表；收入费用表

17. 政府决算报告的编制主要以（ ）为基础，以（ ）会计核算生成的数据为准。

A. 收付实现制；财务 B. 权责发生制；财务

C. 收付实现制；预算 D. 权责发生制；预算

18. 政府财务报告的编制主要以（ ）为基础，以（ ）会计核算生成的数据为准。

A. 收付实现制；财务
B. 权责发生制；财务
C. 收付实现制；预算
D. 权责发生制；预算

19. 以下单位不属于事业单位的是（ ）。
A. 高等学校
B. 疾控中心
C. 气象局
D. 教育局

20. 财政总预算会计的会计主体是（ ）。
A. 各级政府审计部门
B. 各级政府财政部门
C. 各级政府行政部门
D. 各级人民代表大会

21. 政府财务会计报告中可以根据单位情况自行选择编制的是（ ）。
A. 资产负债表
B. 收入费用表
C. 净资产变动表
D. 现金流量表

22. 下列各项是预算会计恒等式的是（ ）。
A. 资产＝负债＋所有者权益
B. 收入－费用＝本期盈余
C. 预算收入－预算支出＝预算结余
D. 资产－负债＝净资产

二、多选题

1. 2019 年施行的政府会计准则、制度制定的依据有（ ）。
A.《中华人民共和国会计法》
B.《财政总预算会计制度》
C.《中华人民共和国预算法》
D.《中华人民共和国经济法》

2. 政府单位会计的预算会计要素有（ ）。
A. 资产
B. 负债
C. 净资产
D. 预算结余
E. 预算收入
F. 预算支出
G. 收入
H. 费用

3. 政府单位会计的财务会计要素有（ ）。
A. 资产
B. 负债
C. 净资产
D. 预算结余
E. 预算收入
F. 预算支出
G. 收入
H. 费用

4. 我国现行的政府会计标准体系包括（ ）。
A. 基本准则
B. 具体准则及其应用指南
C. 政府会计制度
D. 政府会计制度解释

5. 政府会计主体中的各部门、各单位是指与本级政府财政部门直接或者间接发生预算拨款关系的（ ）。
A. 国家机关
B. 军队
C. 政党组织
D. 社会团体
E. 事业单位
F. 其他单位

6. 我国现行企业会计标准体系包括（ ）。
A. 企业会计基本准则
B. 企业会计具体准则
C. 企业会计准则解释
D. 企业会计制度

7. 政府会计的假设包括（ ）。
A. 会计主体
B. 持续经营

C. 会计分期 D. 货币计量

8. 政府会计信息质量要求有（　　）。

A. 可靠性 B. 全面性 C. 相关性

D. 及时性 E. 可比性 F. 可理解性

G. 实质重于形式

9. 下列选项中，对政府会计的描述正确的是（　　）。

A. 政府会计是以财政收支活动为中心，不以营利为目的，适用于各类政府机构和社会组织的一种专业会计

B. 我国对部分业务采用双重分录形式，以收付实现制核算预算会计业务，以权责发生制核算财务会计业务

C. 政府会计核算的基本对象是政府财政资金运动

D. 总预算会计是由政府财政部门对财政资金运动进行确认、计量、记录和报告的会计体系，又称为财政会计

10. 下列关于政府会计适用范围的描述，正确的是（　　）。

A. 政府会计主体主要包括各级财政部门和各级行政事业单位

B. 各级财政部门和各级行政事业单位适用相同的政府会计准则

C. 各级财政部门对下一级财政资金运动进行反映和监督

D. 各级财政部门和各级行政事业单位适用独立的政府会计制度

11. 下列预算支出科目中，属于事业单位专属科目的有（　　）。

A. “经营支出” B. “其他支出”

C. “上缴上级支出” D. “债务还本支出”

12. 政府单位会计核算的目标是向会计信息使用者提供与单位（　　）等有关的会计信息。

A. 财务状况 B. 经营成果

C. 利润 D. 预算执行情况及成果

13. 政府单位财务会计报表包括（　　）。

A. 资产负债表 B. 收入费用表

C. 净资产变动表 D. 现金流量表

E. 附注

14. 政府单位预算会计报表包括（　　）。

A. 预算收入支出表 B. 预算结转结余变动表

C. 财政拨款预算收入支出表 D. 净资产变动表

15. 政府财务报告使用者包括（　　）。

A. 各级人民代表大会常务委员会 B. 债权人

C. 各级政府及其有关部门 D. 政府会计主体自身

E. 其他利益相关者

16. 政府决算报告使用者包括（　　）。

A. 各级人民代表大会及其常务委员会 B. 各级政府及其有关部门

C. 政府会计主体自身 D. 社会公众

E. 其他利益相关者

17. 政府财务报告的目标是（　　）。

A. 向财务报告使用者提供与政府的财务状况有关的信息

B. 向财务报告使用者提供与政府的运行情况（含运行成本）有关的信息

C. 向财务报告使用者提供与政府的现金流量有关的信息

D. 反映政府会计主体公共受托责任履行情况

E. 有助于财务报告使用者做出决策或者进行监督和管理

18. 政府决算报告的目标是（　　）。

A. 向决算报告使用者提供与政府预算执行情况有关的信息

B. 综合反映政府会计主体预算收支的年度执行结果

C. 有助于决算报告使用者进行监督和管理

D. 为编制后续年度预算提供参考和依据

E. 有助于财务报告使用者做出决策或者进行监督和管理

19. 政府财务报告是（　　）。

A. 综合反映政府会计主体年度预算收支执行结果的文件

B. 反映政府会计主体某一特定日期的财务状况的文件

C. 反映政府会计主体某一会计期间的运行情况的文件

D. 反映政府会计主体某一会计期间的现金流量的文件

20. 以下适用政府会计制度的单位有（　　）。

A. 教育局　　B. 某国有教育软件公司

C. 公办中学　　D. 省属地方高等院校

21. 下列关于政府综合财务报告和政府决算报告的区别，表述不正确的有（　　）。

A. 两者的编制主体不同

B. 政府综合财务报告的编制基础是收付实现制

C. 政府决算报告的编制基础是权责发生制

D. 政府综合财务报告的数据来源以财务会计核算生成的数据为准

22. 从编制主体讲，政府财务报告主要包括（　　）。

A. 政府部门财务报告　　B. 政府决算报告

C. 政府综合财务报告　　D. 政府预算报告

23. 下列会计等式中，正确的有（　　）。

A. 收入－费用＝预算盈余　　B. 收入－费用＝本期盈余

C. 预算收入－预算支出＝预算结余　　D. 预算收入－预算支出＝预算盈余

24. 下列关于政府会计核算的说法中，正确的有（　　）。

A. 一般预算会计实行收付实现制，财务会计实行权责发生制

B. 政府会计主体应当编制决算报告和财务报告，决算报告的编制以收付实现制为基础

C. 政府会计核算应该根据需要选择人民币或外币作为记账本位币

D. 对政府会计核算，应当采用借贷记账法记账

25. 下列各项中关于政府决算报告的表述中，正确的有（　　）。

A. 主要以收付实现制为编制基础

B. 以预算会计核算生成的数据为准

C. 是政府综合财务报告的重要组成内容

D. 综合反映政府会计主体预算收支的年度执行情况

26. 政府决算报告与政府综合财务报告存在的不同有（　　）。

A. 编制主体　　B. 数据来源

C. 编制方法　　D. 编制基础

三、判断题

（　　）1. 政府会计是以财政收支活动为中心，不以营利为目的，适用于各类政府机构的一种专业会计。

（　　）2. 收入是指报告期内导致政府会计主体净资产增加的，预期能够产生服务潜力或者带来经济利益流入的经济资源。

（　　）3. 政府财务报告是反映政府会计主体某一特定日期的财务状况和某一会计期间的运行情况和现金流量等信息的文件。它包含资产负债表、收入费用表及现金流量表三部分。

（　　）4. 政府单位会计核算具备财务会计与预算会计双重功能，财务会计与预算会计适度分离并相互衔接。

（　　）5. 预算会计要素是用来反映单位预算执行情况及成果的会计要素，包括资产、负债、净资产、收入和费用。

（　　）6. 费用是指报告期内导致政府会计主体净资产减少的、含有服务潜力或者经济利益的经济资源的流出。

（　　）7. 负债是指政府会计主体现在的经济业务或者事项形成的，预期会导致经济资源流出政府会计主体的现时义务。

（　　）8. 净资产是指政府会计主体资产扣除负债后的净额。

（　　）9. 单位会计明细科目的设置，除《政府单位会计制度》已有规定以外，在不违反会计信息质量要求的前提下，单位可根据需要自行规定。

（　　）10. 会计要素是对会计对象按经济特征所做的基本分类，是会计对象的具体化。

（　　）11. 中国石油是特大型国有企业，国有资本占比很高，为了保证国有资产的核算，中国石油的会计核算应采用政府会计制度。

（　　）12. 行政单位下属独立核算的营利性单位仍适用政府会计制度核算。

（　　）13. 政府会计具体准则是依据政府会计基本准则制定，用于规范政府发生的经济业务或事项的会计处理原则。它详细规定经济业务或事项引起的会计要素变动的确认、计量和报告。

（　　）14. 政府决算报告是反映政府会计主体某一特定日期的财务状况和某一会计期间的运行情况和现金流量等信息的文件。

项目二　政府会计核算模式及平行记账举例

一、单选题

1.《政府会计制度》在系统总结分析传统单系统预算会计体系的利弊基础上，按照《权责发生制政府综合财务报告制度改革方案》和《政府会计基本准则》的要求，构建了“财务会计和预算会计（　　）”的会计核算模式。

A. 适度分离并相互衔接　　B. 适度衔接并互相独立

C. 互相独立并完全分离　　D. 相互牵制并彼此分离

2. 预算会计实行（　　），国务院另有规定的，依照其规定；财务会计实行（　　）。

A. 收付实现制；权责发生制　　B. 权责发生制；收付实现制

C. 收付发生制；收付实现制　　D. 权责实现制；权责发生制

3. 对于（　　）业务，在进行财务会计核算的同时也应当进行预算会计核算。

A. 上缴财政的资金　　B. 纳入部门预算管理的现金收支

C. 纳入部门预算管理的非现金收支　　D. 不纳入部门预算管理的现金收支

4. 下列各项，不属于政府会计核算模式的财务会计与预算会计“适度分离”的表现形式的是（　　）。

A. 双基础　　B. 双制度

C. 双报告　　D. 双功能

5. 政府会计主体应当编制（　　）报告和（　　）报告。

A. 预算；财务　　B. 决算；财务

C. 收入；支出　　D. 财务；财务分析

6. 政府会计由（　　）和（　　）构成。

A. 财务会计；管理会计　　B. 企业会计；预算会计

C. 财务会计；预算会计　　D. 企业会计；事业会计

7. 下列关于平行记账的表述中，正确的是（　　）。

A. 不是所有的经济业务都需要进行财务会计核算

B. 财务会计和预算会计的平行记账针对的是不同的经济业务

C. 平行记账各自的核算基础和核算范围不同

D. 对于所有的经济业务都要先进行预算会计核算

8. 下列选项中，有关收付实现制的表述正确的是（　　）。

A. 收付实现制在期末需要对本期的收益和费用进行调整

B. 收付实现制以款项是否已经收到或付出作为核算标准
C. 收付实现制能正确地反映各期的成本费用情况
D. 收付实现制以款项收付的责任或义务是否已经发生为标准
9. 收入类账户中的“财政拨款收入”科目与预算收入类账户中的（　　）科目对应。
A. “财政拨款预算收入”　　B. “资金结存”
C. “银行存款”　　D. “库存现金”
10. 费用类账户中的“上缴上级费用”科目与预算支出类账户中的（　　）科目对应。
A. “其他支出”　　B. “事业支出”
C. “行政支出”　　D. “上缴上级支出”

二、多选题

1. 关于政府会计“双基础”的描述正确的是（　　）。
A. 财务会计核算遵循权责发生制　　B. 财务会计核算遵循收付实现制
C. 预算会计核算遵循权责发生制　　D. 预算会计核算遵循收付实现制
E. 经营业务遵循收付实现制
2. 单位的资金结存包括（　　）。
A. 零余额账户用款额度　　B. 货币资金
C. 财政应返还额度　　D. 财政拨款收入
3. 收入类账户中（　　）科目与预算收入类账户中“其他预算收入”科目对应。
A. “捐赠收入”　　B. “利息收入”
C. “租金收入”　　D. “其他收入”
4. 下列不属于纳入预算管理的现金业务有（　　）。
A. 受托代理资产、受托代理负债
B. 应缴财政款
C. 同级财政部门预拨的下期预算款和没有纳入预算的暂付款项
D. 通过本单位转拨给下属单位的财政拨款
E. 暂收款
F. 暂付款
G. 提现、存现
5. 收到现金不确认预算收入的情形包括（　　）。
A. 收到暂收款项（押金、财政预拨经费）　　B. 收到应当上缴财政的款项
C. 收到受托代理资产的库存现金和银行存款　　D. 收到直接计入专用基金的资金
6. 支付现金不确认预算支出的情形包括（　　）。
A. 支付押金等款项
B. 支付上缴财政的款项
C. 支付属于受托代理资产的款项
D. 支付专用基金（不含列入费用中计提的）的款项
E. 用财政预拨经费支付的现金　　F. 支付其他应收款中的暂付款
7. 预算收入确认的时点为（　　）。

A. 收到货币资金时　　B. 财政直接支付时
C. 期末确认未使用额度时　　D. 支付货币资金时

8. 预算支出确认的时点为（　　）。

A. 支付货币资金时　　B. 财政直接支付时
C. 使用上年未使用财政应返还额度时　　D. 收到货币资金时

三、判断题

（　　）1. 我国政府会计以收付实现制核算预算会计业务，以权责发生制核算财务会计业务。

（　　）2. 所谓“适度分离”，是指适度分离政府预算会计和财务会计功能，决算报告和财务报告功能，全面反映政府会计主体的预算执行信息和财务信息。

（　　）3. 所谓“相互衔接”，是指在同一会计核算系统中政府预算会计要素和相关财务会计要素相互协调，决算报告和财务报告相互补充，共同反映政府会计主体的预算执行信息和财务信息。

（　　）4. 预算结余类科目中的“资金结存”科目是为了保持借贷记账法下的记账平衡而设置的科目，该科目有货币资金类科目的内涵。

（　　）5. 单位为了核算其纳入部门预算管理的资金的流入、流出、调整和滚存等情况，应设置“资金结存”（预算结余类）科目。

（　　）6. 预算会计主要反映和监督预算收支情况，财务会计主要反映和监督政府会计主体财务状况、运行情况和现金流量等。

（　　）7. 单位对于纳入部门预算管理的现金收支业务，在采用财务会计核算时，要同时进行预算会计核算。

（　　）8. 不属于本年度本部门预算的现金不需要进行会计处理。

项目三　财政预算基础知识及相关典型核算业务举例

一、单选题

1. 国库集中收付制度是指以（　　）体系为基础、资金缴拨以国库集中收付为主要形式的财政国库管理制度。

A. 国库单一账户　　B. 政府单位

C. 国库集中账户　　D. 国库分散账户

2. 行政支出和事业支出的核算应当明细到《政府收支分类科目》“部门预算支出经济分类科目”的（　　）级科目。

A. 类　　B. 款　　C. 项　　D. 目

3. 政府预算的纵向组成是（　　）。

A. 国有资本经营预算、社会保险基金预算　　B. 中央预算、部门预算

C. 中央预算、地方预算　　D. 一般公共预算、政府性基金预算

4. 下列选项中，不属于税收返还的是（　　）。

A. 专项转移支付　　B. 消费税返还

C. 成品油价格和税费改革税收返还　　D. 增值税返还

5. 下列选项中，属于支出功能分类科目的是（　　）。

A. 对个人和家庭的补助　　B. 商品和服务支出

C. 工资福利支出　　D. 一般公共服务支出

6. 在财政集中支付下，当年注销额度和指标、下年返还额度与指标均通过（　　）科目核算。

A. “财政应返还额度”　　B. “零余额账户用款额度”

C. “财政拨款收入”　　D. “银行存款”

二、多选题

1. 政府收支分类科目是反映政府收支活动的分类体系，它是各级政府预算和部门预算编制、执行、决算的基础和重要工具，包括（　　）。

A. 收入经济分类科目　　B. 支出经济分类科目

C. 收入功能分类科目　　D. 支出功能分类科目

2. 国库单一账户体系由（　　）构成。

A. 国库单一账户　　B. 财政部门零余额账户

C. 预算单位零余额账户　　D. 预算外资金财政专户

E. 特设专户

3. 纳入国库集中收缴的财政性资金的收缴分为（　　）。

A. 直接缴库　　B. 间接缴库　　C. 集中汇缴　　D. 分散汇缴

4. 财政支出一般分为购买性支出和转移性支出，根据国库集中支付管理的需要将财政支出进一步细分为（　　）。

A. 工资支出　　B. 购买支出　　C. 零星支出　　D. 转移支出

5. 财政应返还额度的核算内容具体表现为（　　）。

A. 已经申请的、到年底还没有使用的额度

B. 到年底还没有申请的用款额度

C. 到年底已经申请的用款额度

D. 已经申请的、到年底已经使用的额度

三、判断题

（　　）1. 政府预算反映财政资金收支的规模与结构，规定政府活动的范围、方向和重点。

（　　）2. 收支两条线管理是指具有执收执罚职能的单位，根据国家法律、法规和规章收取的行政事业性收费（含政府性基金）和罚没收入，实行收入与支出两条线管理。

（　　）3. 政府收支分类科目是反映政府收支活动的分类体系，它是各级政府预算和部门预算编制、执行、决算的基础和重要工具，包括收入经济分类科目、支出功能分类科目和支出经济分类科目。

（　　）4. 直接缴库是指由缴款单位或缴款人按有关法律法规的规定，直接将应缴收入缴入国库单一账户或预算外资金财政专户。

（　　）5. 集中汇缴是指由征收机关（有关法定单位）按有关法律法规的规定，将所收的应缴收入汇总缴入国库单一账户或预算外资金财政专户。

（　　）6. 国库支付是指由财政部门开具支付令，通过国库单一账户体系，直接将财政资金支付给收款人或用款单位账户。

（　　）7. 在国库支付方式下，对年终结余资金进行账务处理时，“财政应返还额度”科目的借方登记单位本年度国库支付预算指标数与国库支付实际支出数的差额，贷方登记下年度在恢复的国库支付额度内的实际支出数。

（　　）8. “财政应返还额度”科目下应当设置“财政直接支付”“财政授权支付”两个明细科目。

（　　）9. 财政授权支付额度用“零余额账户用款额度”进行会计核算。

（　　）10. 财政直接支付的额度因为不体现在资产类账户里，因此年底不用注销。

四、业务题

2024 年 2 月，某事业单位发生下列经济业务，请根据有关凭证编制会计分录。

（1）10 日，收到工资发放代理银行转来国库集中支付入账通知书及盖章转回的工资

发放明细表，列明发放当月工资 90 000 元。

（2）15 日，收到代理银行转来的国库集中支付入账通知书及相关凭证，支付单位日常业务培训费用 12 000 元。

（3）26 日，收到代理银行转来的国库集中支付入账通知书及相关凭证，通过政府采购方式购入固定资产一台，价值 26 000 元。

（4）2023 年年底，当年财政部门批复的国库集中支付预算指标为 400 000 元，截至年末，国库集中支付预算指标实际执行数为 380 000 元，年末应注销的预算指标为 20 000元。

（5）2024 年年初，收到国库集中支付到账通知书，用上年结转国库集中支付预算指标 20 000 元为单位集中采购某种专用材料。

项目四　资产基础知识与初级实务

一、单选题

1. 资产是指单位（　　）的经济业务或者事项形成的，由政府会计主体控制的，预期能够产生服务潜力或者带来经济利益（　　）的经济资源。

A. 过去；流入　B. 现时；流入　C. 当年；流出　D. 未来；流出

2. 下列不属于政府单位流动资产会计科目的是（　　）。

A. “财政应返还额度”　B. “库存物品”

C. “公共基础设施”　D. “零余额账户用款额度”

3. 政府会计主体在对资产进行计量时，一般应当采用（　　）。

A. 历史成本　B. 重置成本　C. 现值　D. 公允价值

E. 名义金额

4. 单位从开户银行提现的会计分录是（　　）。

A. 借：库存现金
　贷：资金结存

B. 借：库存现金
　贷：银行存款

C. 借：库存现金
　贷：零余额账户用款额度

D. 借：库存现金
　贷：财政应返还额度

5. 单位收到其他单位受托代理捐赠现金的会计分录是（　　）。

A. 借：库存现金
　贷：受托代理负债

B. 借：库存现金
　贷：受托代理资产

C. 借：受托代理负债
　贷：库存现金

D. 借：受托代理资产
　贷：库存现金

6. 单位收到的受托代理资产为银行存款的，应当通过（　　）科目进行核算。

A. “库存现金”　B. “银行存款”

C. “受托代理资产”　D. “库存物品”

7. 单位按照其他单位的委托，将一笔受托代管的资金转账归还，会计分录是（　　）。

A. 借：银行存款
　贷：受托代理负债

B. 借：银行存款
　贷：受托代理资产

C. 借：受托代理负债
　贷：银行存款

D. 借：受托代理资产
　贷：银行存款

8. 通过支付宝平台收到应该上缴财政的款项，会计分录为（　　）。

A. 借：银行存款
　贷：应缴财政款

B. 借：应缴财政款
　贷：银行存款

C. 借：其他货币资金——支付宝平台款
　贷：应缴财政款

D. 借：应缴财政款
　贷：其他货币资金——支付宝平台款

9. 政府会计主体购入的应用软件构成相关硬件不可缺少的组成部分的，应当将该软件的价值包括在所属的硬件价值中，一并确认为（　　）；不构成相关硬件不可缺少的组成部分的，应当将该软件确认为（　　）。

A. 固定资产；无形资产　　B. 无形资产；固定资产

C. 无形资产；无形资产　　D. 固定资产；固定资产

10. 政府会计主体接受捐赠取得的固定资产，其入账成本选取的正确顺序应当是该资产的（　　）。

A. 相关凭证注明的金额，评估价值，同类资产市场价格，名义金额

B. 评估价值，相关凭证注明的金额，名义金额，同类资产市场价格

C. 同类资产市场价格，评估价值，相关凭证注明的金额，名义金额

D. 名义金额，相关凭证注明的金额，评估价值，同类资产市场价格

11. 政府会计主体一般应当采用（　　）计提固定资产折旧。

A. 年限平均法或者双倍余额递减法

B. 年限平均法或者工作量法

C. 年限平均法或者年数总和法

D. 年数总和法或者工作量法

12. 行政事业单位固定资产应计的折旧额为其成本，计提固定资产折旧时（　　）。

A. 按5%计算预计净残值　　B. 按3%计算预计净残值

C. 按10%计算预计净残值　　D. 不考虑预计净残值

13. 事业单位计提业务部门用固定资产折旧的会计分录是（　　）。

A. 借：单位管理费用
　贷：固定资产累计折旧

B. 借：业务活动费用
　贷：固定资产累计折旧

C. 借：管理费用
　贷：固定资产累计折旧

D. 借：事业支出
　贷：固定资产累计折旧

14. 单位对外捐赠、无偿调出固定资产中发生的归属于捐出方、调出方的相关费用应当计入（　　）。

A. 以前年度损益调整　　B. 待处理财产损溢

C. 在建工程　　D. 资产处置费用

15. 单位报经批准用小轿车一辆置换某单位货车一辆，小轿车估价为90 000元，账面余额150 000元，累计已提折旧60 000元。置换交接手续办理完毕，通过银行转账支付置换差价20 000元，则货车的入账成本为（　　）元。

A. 110 000　　B. 150 000　　C. 80 000　　D. 90 000

16. 单位用价值8 000元的库存物品换取某企业5 000元的固定资产，差价计入（　　）。

A. 其他收入　　B. 其他费用

C. 资产处置费用　　D. 待处理财产损溢

17. 事业单位用固定资产置换一批库存物品，最有可能按（　　）入账。

A. 换入的库存物品发票金额　　B. 换出的固定资产的账面余额

C. 换出的固定资产的账面价值　　D. 换出的固定资产的账面价值及相关运杂费

18. 接受捐赠的固定资产，应该贷记（　　）科目。

A. "其他收入"　　B. "捐赠收入"

C. "无偿调拨净资产"　　D. "长期应付款"

19. 融资租入的固定资产，按照租赁协议上约定的应付未付的租金，应该贷记（　　）科目。

A. "其他收入"　　B. "捐赠收入"

C. "无偿调拨净资产"　　D. "长期应付款"

20. 事业单位财务会计对外捐赠固定资产的账务处理，不会涉及的会计科目是（　　）。

A. "待处理财产损溢"　　B. "固定资产"

C. "固定资产累计折旧"　　D. "资产处置费用"

21. 单位按照规定取得无偿调入固定资产时，成本与调入过程中发生的归属于调入方的相关费用之间的差额应该计入（　　）。

A. 无偿调拨净资产　　B. 资产处置费用

C. 其他支出　　D. 业务活动费用

二、多选题

1. 下列属于库存现金的管理原则的有（　　）。

A. 设置专人经管库存现金的出纳工作　　B. 严格遵守库存现金限额规定

C. 严格遵守库存现金使用范围　　D. 严格履行现金收付手续

E. 不准坐支现金　　F. 做到日清月结，保证账款相符

2. 下列关于行政事业单位资产计量属性的表述中，正确的是（　　）。

A. 名义金额是指 1 元

B. 历史成本是指资产按照现在购买相同或者相似资产所需支付的现金金额

C. 现值是指资产按照预计从其持续使用和最终处置中所产生的未来净现金流入量的折现金额

D. 公允价值是指资产按照市场参与者在计量日发生的有序交易中，出售资产所能收到的价格

3. 单位银行结算账户按用途分为（　　）。

A. 基本存款账户　　B. 一般存款账户

C. 临时存款账户　　D. 专用存款账户

4. 下列对资产定义的表述中，正确的是（　　）。

A. 由政府会计主体控制

B. 政府会计主体过去的经济业务或者事项形成的经济资源

C. 预期能够产生服务潜力或者带来经济利益流入

D. 经济利益流入只表现为现金的流入

5. 事业单位报销后勤管理部门职工预借差旅费的会计分录有（　　）。

A. 借：业务活动费用
　　贷：其他应收款　借或贷：库存现金（多退少补）
B. 借：单位管理费用
　　贷：其他应收款　借或贷：库存现金（多退少补）
C. 借：单位管理费用
　　贷：资金结存——货币资金
D. 借：事业支出
　　贷：资金结存——货币资金

6. 下列关于固定资产核算范围的界定，正确的是（　　）。
A. 以借入、经营租赁租入方式取得的固定资产，不通过“固定资产”科目核算，应当设置备查簿进行登记
B. 购入需要安装的固定资产，应当先通过“在建工程”科目核算
C. 采用融资租入方式取得的固定资产不通过“固定资产”科目核算
D. 经批准在境外购买具有所有权的土地，作为固定资产，通过“固定资产”科目核算

7. 政府单位固定资产一般分为（　　）。
A. 房屋和建筑物　　B. 设备
C. 陈列品　　D. 图书和档案
E. 家具和用具　　F. 特种动植物

8. 事业单位收到政府采购部门用财政预算资金为单位购置某项设备的相关凭证应做的会计分录有（　　）。
A. 借：固定资产
　　贷：财政拨款收入
B. 借：固定资产
　　贷：银行存款
C. 借：事业支出
　　贷：财政拨款预算收入
D. 借：事业支出
　　贷：资金结存——零余额账户用款额度

9. 事业单位应当对除（　　）资产以外的其他固定资产计提折旧。
A. 文物和陈列品　　B. 动植物
C. 单独计价入账的土地　　D. 图书、档案
E. 以名义金额计量的固定资产

10. 单位收到主管部门无偿调拨的某种设备，价款 50 000 元，通过银行转账支付运输费 2 000 元，正确的账务处理是（　　）。
A. 固定资产入账价值是 52 000 元　　B. 无偿调拨净资产应计 50 000 元
C. 捐赠收入应计 50 000 元　　D. 其他支出列支 2 000 元

11. 以下需要进行预算会计核算的业务有（　　）。
A. 事业单位购买了 1 台价值 5 万元的专用设备
B. 事业单位调入 1 台价值 5 万元的专用设备
C. 事业单位用账面价值 5 万元的库存物品换入 1 台价值 5 万元的专用设备
D. 事业单位融资租入 1 台价值 5 万元的专用设备

12. 为保证固定资产正常使用发生的日常维修支出，财务会计借记（　　）科目。
A. “资产处置费用”　　B. “单位管理费用”

C. “修购基金”　　　　　　　　　D. “业务活动费用”

13. 行政事业单位的固定资产计提折旧应（　　）。

A. 当月增加的固定资产，下月计提　　B. 按月计提折旧

C. 当月增加的固定资产，当月计提　　D. 减少当月不再计提折旧

14. 下列各项属于政府会计主体的非流动资产的有（　　）。

A. 固定资产　　　　　　　　　　B. 保障性住房

C. 存货　　　　　　　　　　　　D. 无形资产

15. 下列各项中，除以名义金额计量的固定资产之外，事业单位应计提折旧的有（　　）。

A. 电影设备　　B. 陈列品　　C. 动植物　　D. 钢结构的房屋

16. 下列关于事业单位固定资产取得的说法中，错误的有（　　）。

A. 属于单位的名贵字画，应当按月计提折旧

B. 单位当月增加的固定资产下月开始计提折旧，当月减少的固定资产当月仍计提折旧

C. 单位购入需要安装的固定资产，用“固定资产”科目核算

D. 单位购入不需要安装的固定资产，验收合格时，按照购买价款相关税费以及固定资产交付使用前所发生的可归属于该项资产的各项必要支出确定购入的固定资产成本

三、判断题

（　　）1. 政府会计主体在对资产进行计量时，一般应当采用历史成本。采用重置成本、现值、公允价值计量的，应当保证所确定的资产金额能够持续、可靠计量。

（　　）2. 单位对盘盈的库存现金在报批前应借记“库存现金”科目，贷记“待处理财产损溢”科目；同时借记“资金结存——货币资金”科目，贷记“其他预算收入”科目。

（　　）3. 固定资产提足折旧后，无论能否继续使用，均不再计提折旧；提前报废的固定资产，则需要补提折旧。

（　　）4. 单位收到的受托代理资产为现金和银行存款的，通过“受托代理资产”科目核算，不应当通过“库存现金”“银行存款”科目进行核算。

（　　）5. 单位价值虽未达到规定标准，但是使用年限超过1年（不含1年）的大批同类物资，如图书、家具、用具、装具等，不确认为固定资产。

（　　）6. 单位通过置换取得的固定资产，其成本按照换出资产的评估价值加上支付的补价或减去收到的补价，加上换入固定资产发生的其他相关支出确定。

（　　）7. 以借入、经营租赁租入方式取得的固定资产，通过“固定资产”科目核算，并应当设置备查簿进行登记。

（　　）8. 采用融资租入方式取得的固定资产，通过“固定资产”科目核算，并在“固定资产”科目下设置“融资租入固定资产”明细科目。

（　　）9. 为建造固定资产借入的专门借款的利息，属于建设期间发生的，计入在建工程成本；不属于建设期间发生的，计入当期费用。

（　　）10. 当月增加的固定资产，当月不计提折旧，从下月起计提折旧。当月减少的固定资产，当月照提折旧，从下月起不计提折旧。

（　　）11. 购建房屋及构筑物时，不能分清购建成本中的房屋及构筑物部分与土地

使用权部分的，应当全部确认为固定资产。

（　　）12. 按照《政府会计准则制度解释第 1 号》的规定，单位通过支付宝、微信等方式取得相关收入的，对于尚未转入银行存款的支付宝、微信收付款等第三方支付平台账户的余额，不属其他货币资金。

（　　）13. 已交付使用但尚未办理竣工决算手续的固定资产，应当按照估计价值入账，待办理竣工决算后再按实际成本调整原来的暂估价值。

（　　）14. 按照《政府会计准则制度解释第 2 号》的规定，用本单位实有资金账户资金垫付相关支出时，按照垫付的资金金额，借记“其他应收款”科目，贷记“银行存款”科目；预算会计不做处理。

（　　）15. 政府会计主体的非流动资产包括固定资产、在建工程、无形资产、公共基础设施、政府储备资产、应付及预收款项等。

（　　）16. 单位对外捐赠固定资产，未支付相关费用的，预算会计不做账务处理。

（　　）17. 单位对于接受捐赠的资产不需要做账务处理，只需要在备查账簿中进行登记，相关税费等计入当期损益。

（　　）18. 自行加工或自行建造的资产，其成本包括该项资产至验收入库或交付使用前所发生的全部必要支出。

（　　）19. 无偿调入的资产，其成本按照公允价值加上相关税费等进行确定。

四、业务题

1. 某事业单位 2024 年 8 月发生下列有关库存现金的增减业务，请根据有关凭证编制会计分录。

（1）12 日，以现金支付办公室王大云因公出差预借差旅费 10 000 元。

（2）15 日，王大云出差归来报销差旅费 9 300 元，以现金交回余款 700 元。

（3）23 日，单位给对口扶贫对象捐赠 50 000 元，款项以现金支付。

2. 某事业单位 2024 年 8 月发生下列有关银行存款业务，请根据有关凭证编制会计分录。

（1）10 日，收到银行存款账户的活期利息 900 元。

（2）10 日，支付银行结算业务手续费 312 元。

（3）15 日，通过网银转账支付后勤管理部门的办公用品费 1 560 元。

（4）18 日，通过银行转账收到某单位委托代管资金 18 600 元。

（5）承（4），28 日，按照某单位委托通过银行给指定单位转账支付上述款项。

3. 某事业单位 2024 年 8 月发生下列有关外埠存款资金的增减业务，请根据有关凭证编制会计分录。

（1）1 日，通过银行转账汇往单位在深圳开设的采购专户 80 000 元。

（2）6 日，单位在深圳开设的采购专户支付某种专用材料价款 78 000 元（不考虑增值税）。

（3）20 日，收到银行通知，上述单位在深圳采购专户的余款 2 000 元退回。

4. 某行政单位 2024 年 9 月发生下列有关支付宝平台资金的增减业务，请根据有关凭证编制会计分录。

（1）5 日，通过支付宝平台收取行政罚款 10 000 元。

（2）5 日，通过支付宝平台将上述罚款上缴财政非税收入专户。

（3）10 日，支付宝平台从平台资金余额中扣收有关业务手续费 20 元。

5. 某行政单位 2024 年 10 月发生下列有关公务卡刷卡及还款业务，请根据有关凭证编制会计分录。

（1）2 日，持卡人郝亮报销刷卡支付的差旅费 6 790 元。

（2）10 日，通过网银转账支付上述公务卡垫款 6 790 元（附公务卡还款明细表：职工号、单位、姓名、卡号和还款金额）。

6. 某事业单位 2024 年发生下列有关固定资产业务，请根据有关凭证编制会计分录。

（1）9 月 2 日，用财政基本支出拨款购入教学投影设备一套，价税合计 31 800 元，运杂费 700 元。设备已验收交付使用，价款及运费通过银行转账支付。

（2）9 月 15 日，采用融资租入方式用财政项目支出经费购入设备一台，合同约定租赁价款共计 350 000 元，租期 5 年。设备已交付使用，通过银行转账支付当年租金 70 000 元。

（3）承（2），若到 2025 年 9 月 15 日，通过银行转账支付上述融资租入专用设备年租金70 000 元。

（4）10 月 11 日，某单位捐赠热成像测温设备一台，价值 80 000 元。已交付使用，通过网银转账支付运输费 1 000 元。

（5）10 月 16 日，某单位捐赠自行研发的专用设备一台，因无相关凭据及同类或类似资产的市场价格，故以名义金额入账。设备已交付使用，通过网银转账支付运输费 1 000 元。

（6）10 月 20 日，主管部门无偿调入课桌椅一批，发票价款 60 000 元。桌椅已交付使用，通过银行转账支付运输费 3 000 元。

（7）10 月 30 日，用专用材料一批置换某单位办公设备一套，专用材料估价为 20 000 元，账面余额 40 000 元。置换交接手续办理完毕，通过银行转账支付运费 500 元和置换差价 800 元。

（8）11 月 5 日，通过网银转账支付办公家具日常维修维护费用 3 600 元。

（9）11 月 30 日，计算出本月应计提的后勤管理部门用固定资产折旧额为 6 530 元。

（10）11 月 30 日，经批准决定将一台专用实验设备出售，其账面余额 80 000 元，累计已提折旧 35 000 元。

（11）12 月 12 日，通过银行转账收到出售上述专用设备的价款 10 000 元，以网银转账支付出售过程中的搬运费 500 元。

（12）12 月 15 日，将一批桌椅无偿捐赠给对口扶贫小学，该批桌椅账面余额 54 000 元，累计已计提折旧 10 000 元，以银行转账支付运输费 1 200 元。

（13）12 月 16 日，经批准无偿调拨给所属单位计算机一台，账面余额为 7 000 元，累计已计提折旧 5 000 元。

（14）7 月 28 日，上述办公用计算机调拨手续办理完毕，并通过网银转账支付运输费 300 元。

项目五　负债基础知识与初级实务

一、单选题

1. 负债是指政府会计主体过去的经济业务或者事项形成的，预期会导致经济资源（　　）政府会计主体的（　　）义务。

A. 流入；现时　　B. 流出；现时　　C. 流入；未来　　D. 流出；未来

2. 下列不属于流动负债的会计科目的是（　　）。

A. “应缴财政款”　　B. “应付政府补贴款”

C. “预提费用”　　D. “受托代理负债”

3. 政府会计主体在对负债进行计量时，一般应当采用（　　）。

A. 重置成本　　B. 历史成本　　C. 现值　　D. 公允价值

4. 下列不属于事业单位负债的有（　　）。

A. 应缴财政款　　B. 应付政府补贴款

C. 短期借款　　D. 受托代理负债

5. 单位为了核算其按照有关规定应付给职工（含长期聘用人员）及为职工支付的各种薪酬，应设置（　　）科目。

A. “应付账款”　　B. “应付政府补贴款”

C. “应付职工薪酬”　　D. “长期应付款”

6. 事业单位计提当期业务部门员工应付职工基本工资的会计分录是（　　）。

A. 借：业务活动费用

　　贷：应付职工薪酬——基本工资

B. 借：单位管理费用

　　贷：应付职工薪酬——基本工资

C. 借：管理费用

　　贷：应付职工薪酬——基本工资

D. 借：事业支出

　　贷：应付职工薪酬——基本工资

7. 事业单位计提当期个人应交的个人所得税的会计分录是（　　）。

A. 借：应付职工薪酬——基本工资

　　贷：应交税费——应交个人所得税

B. 借：应付职工薪酬——基本工资

贷：其他应付款——应交个人所得税

C. 借：应付职工薪酬——基本工资

贷：应付账款——应交个人所得税

D. 借：应付职工薪酬——基本工资

贷：其他应交税费——应交个人所得税

8.《国务院关于机关事业单位工作人员养老保险制度改革的决定》中规定，机关事业单位实行（　　）的基本养老保险制度。

A. 社会统筹与个人账户相结合　　B. 社会统筹

C. 个人缴纳　　D. 不缴纳

9. 因解除与职工的劳动关系而给予的补偿，账务处理为（　　）。

A. 借：业务活动费用

贷：应付职工薪酬——基本工资

B. 借：单位管理费用

贷：应付职工薪酬——基本工资

C. 借：管理费用

贷：应付职工薪酬——基本工资

D. 借：事业支出

贷：应付职工薪酬——基本工资

二、多选题

1. 负债的计量属性主要包括（　　）。

A. 重置成本　　B. 历史成本

C. 现值　　D. 公允价值

2. 国家规定的津贴补贴有（　　）。

A. 国家统一津贴补贴　　B. 规范津贴补贴

C. 改革性补贴　　D. 奖励性补贴和其他

E. 年终一次性奖金

3. “应付职工薪酬”科目应当根据国家有关规定，按照（　　）等设置明细科目，进行明细核算。

A. 基本工资（含离退休费）　　B. 国家统一规定的津贴补贴

C. 规范津贴补贴（绩效工资）　　D. 改革性补贴

E. 社会保险费　　F. 住房公积金

G. 其他个人收入

4. 下列属于违规发放津贴补贴行为的是（　　）。

A. 违反规定自行新设项目或者继续发放已经明令取消的津贴补贴的

B. 超过规定标准、范围发放津贴补贴的

C. 违反中共中央组织部、人力资源和社会保障部有关公务员奖励的规定，以各种名义

向职工普遍发放各类奖金的

D. 在实施职务消费和福利待遇货币化改革并发放补贴后，继续开支相关职务消费和福利费用的

E. 违反规定发放加班费、值班费和未休年休假补贴的

F. 超标准缴存住房公积金的

G. 以有价证券、支付凭证、商业预付卡、实物等形式发放津贴补贴的

H. 违反规定使用工会会费、福利费及其他专项经费发放津贴补贴的

I. 借重大活动筹备或者节日庆祝之机，变相向职工普遍发放现金、有价证券或者与活动无关的实物的

5. 事业单位收到工资发放银行盖章转回的已经计提的当期由财政直接支付的工资发放明细表等应做的会计分录有（　　）。

A. 借：应付职工薪酬
　　贷：零余额账户用款额度

B. 借：应付职工薪酬
　　贷：财政拨款收入

C. 借：事业支出
　　贷：资金结存——零余额账户用款额度

D. 借：事业支出
　　贷：财政拨款预算收入

6. 事业单位从应付职工薪酬中支付应发给职工的防暑补贴的款项，在财务会计和预算会计核算方式下应做的会计分录为（　　）。

A. 借：应付职工薪酬
　　贷：零余额账户用款额度

B. 借：事业支出
　　贷：资金结存

C. 借：管理费用
　　贷：零余额账户用款额度

D. 借：应付职工薪酬
　　贷：其他应付款

三、判断题

（　　）1. 根据国家规定可以举借债务的单位应当建立健全债务内部管理制度，明确债务管理岗位的职责权限，应该由一人办理债务业务的全过程。

（　　）2. 大额债务的举借和偿还属于重大经济事项，应当进行充分论证，并由单位领导班子集体研究决定。

（　　）3. 现时义务是指政府会计主体在现行条件下已承担的义务。未来发生的经济业务或者事项形成的义务不属于现时义务，不应当确认为负债。

（　　）4. 按照国家有关规定缴纳职工社会保险费和住房公积金时，按照实际支付的金额，借记“其他应付款——社会保险费/住房公积金”科目，贷记“银行存款”等科目。

（　　）5. 事业单位应当建立健全财务风险控制机制，规范和加强借入款项管理，严格执行审批程序，不得违反规定举借债务和提供担保。

四、业务题

某事业单位2024年发生下列有关职工薪酬的业务，请根据有关凭证编写会计分录。

（1）4月10日，按照人事部门提供的各部门各类人员工资及津贴补贴资料计提上月工资薪酬如下（单位：元）：

专业业务活动人员	基本工资	347 650	后勤管理部门人员	基本工资	174 143	非独立核算的经营活动人员	基本工资	82 500
	津贴补贴	97 987		津贴补贴	64 176		津贴补贴	23 251
	绩效工资	85 876		绩效工资	32 975		绩效工资	16 500
	小计	531 513		小计	271 294		小计	122 251

（2）4 月 10 日，按有关规定计算出应由单位负担的社会保险费、住房公积金如下（单位：元）：

专业业务活动人员	社会保险费	73 800	后勤管理部门人员	社会保险费	38 000	非独立核算的经营活动人员	社会保险费	17 000
	住房公积金	23 500		住房公积金	12 100		住房公积金	5 500

（3）4 月 10 日，按照有关规定计算上月应代扣的个人承担的社会保险费、住房公积金和个人所得税如下（单位：元）：

专业业务活动人员	社会保险费	40 400	后勤管理部门人员	社会保险费	23 435	非独立核算的经营活动人员	社会保险费	20 200
	住房公积金	19 600		住房公积金	11 375		住房公积金	9 800
	个人所得税	16 200		个人所得税	3 470		个人所得税	8 100
	小计	76 200		小计	38 280		小计	38 100

（4）4 月 10 日，按规定计算出应付已与单位解除劳务合同技术人员补偿 13 245 元。

（5）4 月 10 日，扣回为专业技术人员垫付的水电费和房租共计 2 700 元。

（6）4 月 15 日，收到国库集中代理银行盖章转回的工资发放明细表及“国库集中支付到账通知书”，发放上月工资。

（7）2 月 15 日，通过银行转账支付应由职工个人负担的社会保险费 84 035 元，住房公积金 40 775 元；应由单位负担的社会保险费 128 800 元，住房公积金 41 100 元。

（8）2 月 15 日，通过银行转账代缴个人所得税 27 770 元。

项目六　收入（预算收入）基础知识与初级实务

一、单选题

1. 收入是指报告期内导致单位净资产（　　）的、含有服务潜力或者经济利益的经济资源的（　　）。

A. 增加；流入　　B. 增加；流出　　C. 减少；流入　　D. 减少；流出

2. 下列属于行政单位收入科目的有（　　）。

A. “事业收入”　　B. “上级补助收入”　　C. “财政拨款收入”　　D. “经营收入”

3. 下列属于行政单位预算收入科目的有（　　）。

A. “财政拨款预算收入”　　B. “经营预算收入”

C. “事业预算收入”　　D. “债务预算收入”

4. 下列各项应通过“财政拨款收入”科目来核算的是（　　）。

A. 同级政府财政部门预拨的下期预算款

B. 采用实拨资金方式通过本单位转拨给下属单位的财政拨款

C. 单位从同级政府财政部门取得的各类财政拨款

D. 没有纳入预算的暂付款项

5. “财政拨款收入”账户贷方登记直接支付方式下确认的入账金额及年末当年预算指标数与实际支付数的差额、授权支付方式下收到的授权支付额度及年末当年预算指标数大于零余额账户用款额度下达数的差额、其他方式下实际收到的财政拨款额，借方登记本年已支付的款项发生的退回数及期末结转额。期末结转后，应无余额。期末结转至（　　）账户。

A. “本期盈余”　　B. “本年盈余分配”

C. “财政拨款结转”　　D. “财政拨款结余”

6. 预算收入是指政府会计主体在预算年度内依法取得的并纳入（　　）的现金流入。

A. 单位管理　　B. 预算管理　　C. 财务管理　　D. 收支管理

7. 行政单位收到“国库集中支付入账通知书”及相关原始凭证，预算会计核算应借记“行政支出”科目，贷记（　　）科目。

A. “资金结存——货币资金”　　B. “财政拨款预算收入”

C. “事业支出”　　D. “资金结存——财政应返还额度”

8. 国库集中支付方式下购买物品，根据收到的“国库集中支付入账通知书”及相关凭证，财务会计核算应（　　）。

A. 借：财政拨款收入
　　贷：库存物品

B. 借：财政应返还额度
　　贷：财政拨款收入

C. 借：库存物品
　　贷：财政拨款收入

D. 借：零余额账户用款额度
　　贷：财政拨款收入

9. 预算收入一般在（　　）予以确认，以（　　）的金额计量。

A. 实际收到时；预算申请　　B. 实际收到时；实际收到

C. 预算申请时；预算申请　　D. 预算申请时；实际收到

10. 行政单位用财政直接支付采购了一台办公电脑，财务会计贷记“财政拨款收入”科目，预算会计贷记（　　）科目。

A. “零余额账户用款额度”　　B. “财政直接支付”

C. “财政拨款预算收入”　　D. “行政支出”

二、多选题

1. 下列属于行政、事业单位共同收入科目的有（　　）。

A. “附属单位上缴收入”　　B. “财政拨款收入”

C. “租金收入”　　D. “捐赠收入”

2. 根据《事业单位财务规则》《行政单位财务规则》的要求，对行政事业单位收入管理的内容主要包括（　　）。

A. 保证预算收入及时足额的取得　　B. 保证收入的合法性与合理性

C. 加强收入的预算管理　　D. 及时上缴各项财政收入

3. 下列有关预算收入管理的表述正确的是（　　）。

A. 应当保证收入的合法性与合理性

B. 行政事业单位应当将各项收入全部纳入单位预算

C. 预算收入应该统一核算、统一管理

D. 各项收费可先实施再取得收费许可

4. 下列对“财政拨款预算收入”描述正确的是（　　）。

A. 核算单位从同级政府财政部门取得的各类财政拨款

B. 在“项目支出”下按照具体项目设置明细科目

C. 在“项目支出”下按“人员”和“日常公用”设置明细科目

D. 应设置“基本支出”和“项目支出”两个明细科目

5. 属于行政单位和事业单位应当共同设置的预算收入科目是（　　）。

A. “财政拨款预算收入”　　B. “其他预算收入”

C. “债务预算收入”　　D. “非同级财政拨款预算收入”

6. 年末，按照单位本年度国库集中支付预算指标数与当年国库集中支付实际支出数的差额，编制的会计分录为（　　）。

A. 借：财政应返还额度
　　贷：财政拨款收入

B. 借：财政应返还额度
　　贷：零余额账户用款额度

C. 借：资金结存——财政应返还额度
　　贷：资金结存——零余额账户用款额度

D. 借：资金结存——财政应返还额度
　　贷：财政拨款预算收入

三、判断题

（　　）1. 收入类科目中的“财政拨款收入”“附属单位上缴收入”，以及“投资收益”“利息收入”“租金收入”“其他收入”，是行政单位和事业单位共用科目。

（　　）2. 同级政府财政部门预拨的下期预算款和没有纳入预算的暂付款项，以及采用实拨资金方式通过本单位转拨给下属单位的财政拨款，通过“其他应付款”科目核算，不通过“财政拨款收入”科目核算。

（　　）3. 收入的实现会导致单位资产减少或者负债增加。

（　　）4. 符合预算收入定义及确认条件的项目应当列入政府决算报表。

四、业务题

某事业单位 2024 年 12 月份发生下列有关财政拨款（预算）收入业务，请根据有关凭证编制会计分录。

（1）5 日，收到代理银行转来的“国库支付入账通知书”及相关凭证，支付单位业务培训费用 78 000 元。

（2）6 日，收到代理银行转来的“国库支付入账通知书”及相关凭证，支付单位购买办公用品支出 8 500 元。

（3）31 日，当年财政直接支付预算指标为 800 000 元，当年实际执行数为 796 000 元，当年应注销的财政直接支付预算指标为 4 000 元。

项目七　费用（预算支出）基础知识与初级实务

一、单选题

1. 预算支出是指政府会计主体在预算年度内依法发生并纳入（　　）的现金流出。

A. 单位管理　　B. 预算管理　　C. 财务管理　　D. 收支管理

2. 费用是指报告期内导致政府会计主体（　　）减少的、含有服务潜力或者经济利益的经济资源的（　　）。

A. 资产；流入　　B. 资金；流入

C. 净资产；流出　　D. 净资产；流入

3. 下列不属于行政单位费用的是（　　）。

A. 业务活动费用　　B. 单位管理费用

C. 资产处置费用　　D. 其他费用

4. 下列属于行政单位预算支出科目的有（　　）。

A. “行政支出”　　B. “事业支出”

C. “上缴上级支出”　　D. “债务还本支出”

5. （　　）应当与（　　）配比。

A. 经营支出；经营收入　　B. 上缴上级支出；上级补助收入

C. 对附属单位补助支出；附属单位上缴收入　D. 事业支出；事业收入

6. （　　）是指单位为实现其职能目标，依法履职或开展专业业务活动及其辅助活动所发生的各项费用。

A. 经营费用　　B. 单位管理费用

C. 业务活动费用　　D. 其他费用

7. （　　）是指事业单位本级行政及后勤管理部门开展管理活动发生的各项费用。

A. 经营费用　　B. 单位管理费用

C. 业务活动费用　　D. 其他费用

8. 单位计提业务活动人员工资薪酬时，应（　　）。

A. 借：事业支出
　　贷：应付职工薪酬

B. 借：经费支出
　　贷：应付职工薪酬

C. 借：单位管理费用
　　贷：应付职工薪酬

D. 借：业务活动费用
　　贷：应付职工薪酬

9. 事业单位计提本级行政、后勤管理人员工资薪酬时，应（　　）。

A. 借：单位管理费用
贷：应付职工薪酬

B. 借：业务活动费用
贷：应付职工薪酬

C. 借：单位管理费用
贷：财政拨款收入

D. 借：事业支出
贷：应付职工薪酬

10. 事业单位后勤管理部门开展活动领用库存物品时，应（ ）。

A. 借：单位管理费用
贷：库存物品

B. 借：单位管理费用
贷：财政拨款收入

C. 借：事业支出
贷：资金结存

D. 借：单位管理费用
贷：应付职工薪酬

二、多选题

1. 费用的确认应当同时具备的条件有（ ）。

A. 与费用相关的含有服务潜力或者经济利益的经济资源很可能流出会计主体

B. 含有服务潜力或者经济利益的经济资源流出会导致资产减少或者负债增加

C. 费用是由企业过去的交易或者事项形成的

D. 流出金额能够可靠地计量

2. 行政支出（事业支出）按照支出的资金来源分为（ ）。

A. 财政拨款支出

B. 非财政专项资金支出

C. 基本支出

D. 其他资金支出（非财政非专项资金支出）

3. 行政支出（事业支出）按照支出的经济性质分为（ ）。

A. 基本支出　　B. 项目支出

C. 财政拨款支出　　D. 非财政拨款支出

4. 年末，应将行政支出（事业支出）本年发生额中的财政拨款支出转入（ ）；将本年发生额中的非财政专项资金支出转入（ ）；将本科目本年发生额中的其他资金支出（非财政非专项资金支出）转入（ ）。年末结转后，应无余额。

A. “财政拨款结转”　　B. “非财政拨款结转”

C. “其他结余”　　D. “经营结余”

5. 以下属于行政单位和事业单位共同设置使用的科目有（ ）。

A. “业务活动费用”　　B. “单位管理费用”

C. “经营费用”　　D. “资产处置费用”

E. “其他费用”

6. “单位管理费用”科目核算事业单位本级行政及后勤管理部门开展管理活动发生的各项费用，包括（ ）。

A. 用财政拨款收入之外的收入对附属单位的补助费用

B. 按规定上缴上级单位款项发生的费用

C. 由单位统一负担的离退休人员经费、工会经费、诉讼费、中介费等

D. 单位行政及后勤管理部门发生的人员经费、公用经费、资产折旧（摊销）等费用

7. 对“预算支出”要素描述正确的是（　　）。

A. 在实际支付时予以确认
B. 纳入预算管理的现金流出
C. 按照权责发生制原则确认计量
D. 预算年度内发生的支出

8. 对“行政支出”科目描述正确的是（　　）。

A. 按基本支出和项目支出设置明细科目
B. 项目支出要按具体项目设置明细
C. 按财政补款支出、非财政专项资金支出和其他资金支出设置明细科目
D. 行政单位履行其职责实际发生的各项现金流出

9. “预算支出”科目中专属事业单位的有（　　）。

A. “行政支出”
B. “经营支出”
C. “上缴上级支出”
D. “事业支出”
E. “对附属单位补助支出”

10. 单位基本业务活动、管理活动发生的费用（支出）主要通过（　　）科目核算。

A. “业务活动费用”
B. “单位管理费用”
C. “行政支出”
D. “事业支出”

三、判断题

（　　）1. 预算支出类科目中，“行政支出”和“其他支出”科目是行政单位专用科目。

（　　）2. 有一般公共预算财政拨款、政府性基金预算财政拨款等三种以上财政拨款的行政单位，应当在“财政拨款支出”明细科目下按照财政拨款的种类进行明细核算。

（　　）3. 行政支出是指行政单位履行其职责实际发生的各项现金流出。

（　　）4. 单位应当按照单位预算管理的要求，将各项支出全部纳入单位预算，建立健全支出管理制度，保障单位各项业务活动正常运转的资金需求。

（　　）5. 业务活动费用可分为工资福利费用、商品和服务费用、对个人和家庭的补助费用、对企业补助费用、固定资产折旧费、无形资产摊销费、公共基础设施折旧（摊销）费、保障性住房折旧费、计提专用基金等费用。

四、业务题

某事业单位 2024 年 12 月份发生下列日常业务，请根据有关凭证编制会计分录。

（1）通过网银转账支付专业业务活动的培训费 9 870 元。

（2）31 日，仓库转来本月发出存货汇总表中列明，本月开展管理活动领用库存 A 产品 900 元，开展专业业务活动领用库存 A 产品 2 000 元。

（3）30 日，按规定计算出当年应按照收入计提专用基金 20 000 元。

（4）19 日，通过国库集中支付方式预付某单位会议费 3 000 元。

（5）25 日，与上述单位结算会议费，实际应付管理层会议费为 2 820 元，多余款项通过原支付渠道退回。

（6）31 日，计算当月管理活动应缴纳城市维护建设税 350 元，教育费附加 150 元。

（7）31 日，通过网银转账支付上述税费。

（8）20 日，计提本月从事专业及辅助活动的在职职工薪酬，其中：从事专业活动人员工资薪酬 200 000 元，从事后勤辅助活动人员工资薪酬 50 000 元。

（9）21 日，收到工资发放代理银行盖章转回的“国库集中支付入账通知书”及工资发放明细表，实发工资 250 000 元。

（10）30 日，单位折旧计算汇总表列明，本期应计提专业业务活动用固定资产折旧 91 000 元，管理活动用固定资产折旧 96 000 元。

（11）30 日，开展“学四史、守初心、担使命”党员主题教育活动，聘请专家支付讲课费 3 000 元，财政直接支付。

（12）30 日，通过网银转账支付职工餐厅燃气费 16 785 元。

（13）15 日，通过银行转账预付办公用品款 150 000 元。

（14）28 日，收到对方单位发来上述办公用品，验收入库。

项目八　预算结余基础知识与初级实务

一、单选题

1. 预算结余是指政府会计主体预算年度内（　　）扣除（　　）后的资金余额，以及历年滚存的资金余额。

A. 预算收入；预算支出　　B. 收入；支出

C. 预算收入；费用　　D. 收入；费用

2. 预算结余包括（　　）资金和（　　）资金。

A. 收入；支出　　B. 收入；费用

C. 结余；结转　　D. 累计盈余；结余

3. 结余资金是指年度预算执行终了，预算收入（　　）扣除预算支出和（　　）后剩余的资金。

A. 预算指标数；结转资金　　B. 实际完成数；结转资金

C. 实际完成数；上年结余资金　　D. 未完成数；结转资金

4. 结转资金是指预算安排项目的支出年终（　　）执行完毕或者因故未执行，且下年需要按原用途（　　）使用的资金。

A. 尚未；继续　　B. 已经；继续

C. 尚未；不能　　D. 已经；不能

5.（　　）是指政府会计主体历年财政拨款预算收入与其相应支出相抵形成的滚存结转资金，具体包括当年财政拨款收支结转资金、从其他单位调入的财政结转资金以及从单位财政拨款结余调剂的资金。

A. 财政拨款结转　　B. 非财政拨款结转

C. 财政拨款结余　　D. 非财政拨款结余

6. “财政拨款结转”科目年末结账后，若有余额，余额在（　　）明细科目。

A. “财政拨款结转——本年收支结转”　　B. “财政拨款结转——单位内部调剂”

C. “财政拨款结转——累计结转”　　D. “财政拨款结转——归集上缴”

7. “财政拨款结余”科目年末结账后，若有余额，余额在（　　）明细科目。

A. “财政拨款结余——归集上缴”　　B. “财政拨款结余——结转转入”

C. “财政拨款结余——年初余额调整”　　D. “财政拨款结余——累计结余”

8. 预算会计应当到（　　）结转预算收入与预算支出。

A. 月末　　B. 季末　　C. 半年末　　D. 年末

9. 年末，事业单位应当将（　　）账户的贷方余额结转到财政拨款结转的“本年收支结转”账户的贷方。

A. “财政拨款预算收入”　　B. “财政拨款收入”

C. “事业收入”　　D. “事业预算收入”

10. 年末，事业单位应当将（　　）账户（财政拨款支出部分）的借方余额结转到财政拨款结转的“本年收支结转”账户的借方。

A. “财政拨款支出”　　B. “事业支出”

C. “事业预算支出”　　D. “经费支出”

11. 按照规定从其他单位调入财政拨款结转资金的，按照实际调增的额度数额或调入的资金数额应（　　）。

A. 借：银行存款等
　　贷：累计盈余
　借：财政拨款结转——年初余额调整
　　贷：资金结存——货币资金等

B. 借：银行存款等
　　贷：累计盈余
　借：财政拨款结转——归集上缴
　　贷：资金结存——货币资金等

C. 借：银行存款等
　　贷：累计盈余
　借：资金结存——货币资金等
　　贷：财政拨款结转——归集调入

D. 借：银行存款等
　　贷：累计盈余
　借：财政拨款预算收入
　　贷：财政拨款结转——本年收支结转

12. 经财政部门批准对财政拨款结余资金改变用途，调整用于本单位基本支出或其他未完成项目支出的，按照批准调剂的金额应（　　）。

A. 借：财政拨款结余——单位内部调剂
　　贷：财政拨款结转——单位内部调剂

B. 借：资金结存——财政应返还额度等
　　贷：财政拨款结转——归集调入

C. 借：财政拨款预算收入
　　贷：财政拨款结转——本年收支结转

D. 借：财政拨款结转——年初余额调整
　　贷：资金结存——财政应返还额度等

13. 年末，对财政拨款结转各明细项目执行情况进行分析，将其中符合结余性质的项目结转资金转入“财政拨款结余”账户，应（　　）。

A. 借：财政拨款结余——归集上缴
　　贷：资金结存——财政应返还额度/货币资金
B. 借：财政拨款结余——单位内部调剂
　　贷：财政拨款结转——单位内部调剂
C. 借：财政拨款结转——累计结转
　　贷：财政拨款结余——结转转入
D. 借：财政拨款结余——年初余额调整
　　贷：资金结存——财政应返还额度/货币资金

二、多选题

1. 下列属于预算结余类账户的是（　　）。
A. “资金结存”　　B. “财政拨款结转”
C. “财政拨款结余”　　D. “经营支出”

2. 财政拨款结转分为（　　）和（　　）。
A. 基本支出结转　　B. 日常结转
C. 项目支出结转　　D. 非日常结转

3. 年末，事业单位应当将（　　）账户的借方余额结转到财政拨款结转的“本年收支结转”账户的借方。
A. “行政支出”　　B. “事业支出”
C. “其他支出”　　D. “经营支出”

4. 下列有关预算结余的说法中，正确的是（　　）。
A. “经营结余”和“非财政拨款结余分配”科目是事业单位的专用科目
B. 实际业务中要分清行政单位和事业单位在预算结余会计核算中的区别
C. “财政拨款结转”和“财政拨款结余”用于核算不同级别财政核拨的资金
D. “零余额账户用款额度”和“财政应返还额度”等属于财务会计科目的范畴

5. 下列年末财政拨款结转业务相关的账务处理中，正确的是（　　）。
A. 将各项支出中财政拨款支出本年发生额转入“财政拨款结转”账户，借记“财政拨款结转——本年收支结转”科目，贷记“行政支出/事业支出/其他支出等——财政拨款支出”科目
B. 结转后“累计结转”明细科目应无余额
C. 年末，将财政拨款预算收入本年发生额转入财政拨款结转，借记“财政拨款预算收入”科目，贷记“财政拨款结转——本年收支结转”科目
D. 年末冲销有关明细科目余额，借记或贷记“财政拨款结转——本年收支结转/年初余额调整/归集调入/归集调出/归集上缴/单位内部调剂”科目，贷记或借记“财政拨款结转——累计结转”科目

6. 以下属于“财政拨款结余”明细科目的有（　　）。
A. “单位内部调剂”　　B. “货币资金”
C. “累计结余”　　D. “年初余额调整”

7. 对财政拨款结转（余）描述正确的是（　　）。

A. 财政拨款结余用于核算同级财政拨款项目支出（即专项资金）结余资金的调整、结转和滚存情况

B. 财政拨款结转用于核算同级财政安排的预算未全部执行或未执行，且下年需要按原用途继续使用的资金

C. 财政拨款结转在预算收支结转时，应分别进行“基本支出结转”和“项目支出结转”的结转

D. 年末，要将“财政拨款结转”中符合财政拨款结余性质的项目余额转入“财政拨款结余”

8. 下列关于事业单位财政拨款结转结余表述正确的有（　　）。

A. 财政拨款结转结余不参与事业单位的结余分配

B. 财政拨款结余年末结转后，各明细科目均无余额

C. 核算财政拨款结转结余应单独设置“财政拨款结转”和“财政拨款结余”科目

D. 核算财政拨款结转结余应单独设置“财政拨款结余分配”科目

三、判断题

（　　）1. 预算结余类科目中的“资金结存”科目是为了保持借贷记账法下的记账平衡而设置的科目，该科目有货币资金类科目的内涵。

（　　）2. “财政拨款结余”科目核算单位（包括行政单位和事业单位）取得的上级财政拨款项目支出结余资金的调整、结转和滚存情况。

（　　）3. 非财政拨款结转结余分为非财政拨款结转（即非财政限定用途资金收支差额）和非财政拨款结余，项目完成后的非财政拨款结转资金可转入非财政拨款结余。

（　　）4. 专用结余是按照规定从非财政拨款结余中提取的具有专门用途的资金。

（　　）5. 年末将本年度财政拨款预算收入和预算支出分别转入“累计结转”科目。最后，利用“本年收支结转”明细科目将上述所有明细科目结清。

（　　）6. 经营结余是经营活动收支相抵后的余额。

（　　）7. 其他结余指除财政拨款收支、非同级财政专项资金收支和经营收支以外各项收支相抵后的余额（即非财政非限定用途资金收支差额）。

（　　）8. “归集调入”科目核算按照规定向其他单位调出财政拨款结转资金时，实际调减的额度数额或调出的资金数额。

（　　）9. “本年收支结转”科目核算单位滚存的财政拨款结转资金，余额在贷方。

（　　）10. 财政拨款结转结余、非财政拨款结转结余不参与单位结余分配；经营结余、其他结余可以参与结余分配，年末应转入非财政拨款结余分配进行分配。

（　　）11. 单位应当严格区分财政拨款结转结余和非财政拨款结转结余，财政拨款结转结余不参与事业单位的结余分配。

四、业务题

1. 某事业单位 2024 年 12 月发生下列有关财政拨款结转业务，请根据有关凭证编制会计分录。

（1）5 日，通过银行转账收到某单位退回上年度已列支的购货款 5 200 元（属于财政

拨款结转资金）。

（2）13 日，通过网银转账向某单位调出财政拨款结转资金 46 000 元。

（3）31 日，通过网银转账将财政拨款结转资金 34 000 元上缴财政。

（4）31 日，结转财政拨款预算收入本年累计发生额 266 000 元。

（5）31 日，结转财政拨款预算支出本年累计发生额 248 000 元。

（6）31 日，承（1）～（6），将“财政拨款结转”相关明细科目发生额结转到“累计结转”明细科目。

（7）31 日，经分析，当年财政拨款结转中有 14 700 元符合财政拨款结余性质，将其转入“财政拨款结余”科目。

2. 某事业单位 2024 年 12 月发生下列有关财政拨款结余业务，请根据有关凭证编制会计分录。

（1）31 日，按程序报经批准将财政拨款结余资金 3 500 元转入“财政拨款结转”科目。

（2）31 日，经分析，当年财政拨款结转中有 14 700 元符合财政拨款结余性质，将其转入“财政拨款结余”科目。

(3) 31 日，通过网银转账将财政拨款结余资金 6 900 元上缴财政。

(4) 31 日，承 (1) ～ (3)，将“财政拨款结余”相关明细科目发生额结转到“累计结余”明细科目。

项目九　净资产基础知识与初级实务

一、单选题

1. 净资产是政府会计主体（　　）扣除（　　）后的净额。

A. 资产；收入　　B. 资产；费用

C. 收入；费用　　D. 资产；负债

2. 下列专属于事业单位的净资产类账户的是（　　）。

A. “专用基金”　　B. “本期盈余”

C. “本年盈余分配”　　D. “无偿调拨净资产”

3. 政府会计主体为了核算其本期各项收入、费用相抵后的余额，应设置（　　）（净资产类）科目。

A. “本年利润”　　B. “本期盈余”

C. “本年盈余分配”　　D. “累计盈余”

4. “本期盈余”科目到年末将余额结转至（　　）科目，结转后无余额。

A. “专用基金”　　B. “以前年度盈余调整”

C. “本年盈余分配”　　D. “无偿调拨净资产”

5. 使用从收入中计提的专用基金支付相关费用时，预算会计的账务处理为（　　）。

A. 借记“事业支出”科目，贷记“资金结存”等科目

B. 借记“专用结余”科目，贷记“资金结存”科目

C. 借记“事业支出”等科目，贷记“本期盈余”科目

D. 借记“专用结余”科目，贷记“累计盈余”科目

6. 财务会计应当按（　　）结转收入与费用。

A. 月　　B. 季　　C. 半年　　D. 年

7. 在本期盈余的账务处理中，期末将各类收入科目的本期发生额转入本期盈余应（　　）。

A. 借记“本期盈余”科目，贷记“业务活动费用”“单位管理费用”等科目

B. 借记“财政拨款收入”科目，贷记“本年盈余分配”科目

C. 借记“财政拨款收入”“事业收入”等科目，贷记“本期盈余”科目

D. 借记“本期盈余”科目，贷记“本年盈余分配”科目

8. 在专用基金的提取或设置账务处理中，在平时，按照收入的一定比例计提的专用基金应该（　　）。

A. 借记或贷记“以前年度盈余调整”科目，贷记或借记“专用基金”科目
B. 借记“本年盈余分配”科目，贷记“专用基金”科目
C. 借记“业务活动费用”等科目，贷记“专用基金”科目
D. 借记“银行存款”等科目，贷记“专用基金”科目

9. 在本年盈余分配的账务处理中，年末根据有关规定从本年度非财政拨款结余或经营结余中提取专用基金的，其财务会计账务处理为（　　）。
A. 借记“本年盈余分配”科目，贷记“专用基金”科目
B. 借记或贷记“本期盈余”科目，贷记或借记“本年盈余分配”科目
C. 借记“财政拨款收入”科目，贷记“本年盈余分配”科目
D. 借记“累计盈余”科目，贷记“本年盈余分配”科目

二、多选题

1. 下列属于事业单位净资产项目的是（　　）。
A. 累计盈余　　B. 以前年度盈余调整
C. 本年盈余分配　　D. 本期盈余

2. 下列有关净资产的表述中，正确的是（　　）。
A. 净资产的总额为本期盈余、专用基金和权益法调整余额汇总数
B. 净资产是指单位资产扣除负债后的净额
C. 行政事业单位净资产是指行政事业单位资产扣除负债后的余额，反映国家和行政事业单位的资产所有权
D. 净资产金额取决于资产和负债的计量

3. 下列关于净资产期末结转的表述中，正确的是（　　）。
A. 收入和费用类科目余额期末结转至本期盈余
B. 年末，将本期盈余余额转到本年盈余分配
C. 年末，根据有关规定从本年度非财政拨款结余或经营结余中提取专用基金（按照预算会计下计算的金额提取）
D. 年末，将本年盈余分配提取专用基金后的余额转入累计盈余

4. 下列有关“本期盈余”科目的表述中，正确的是（　　）。
A. 年末结账后本科目有余额
B. 期末借方余额，反映单位自年初至当期期末累计发生的亏损
C. 期末贷方余额，反映单位自年初至当期期末累计实现的盈余
D. 行政事业单位应当设置“本期盈余”科目，核算单位本期各项收入、费用相抵后的余额

5. 下列选项中，符合使用提取的专用基金购置固定资产、无形资产的账务处理的是（　　）。
A. 按照预算会计下基于预算收入计算提取的金额，借记“本年盈余”等科目，贷记“专用基金”科目
B. 按照专用基金使用金额，借记“专用基金”科目，贷记“累计盈余”科目
C. 按照固定资产、无形资产成本金额，借记“固定资产”“无形资产”科目，贷记

“银行存款”等科目

D. 按照预算会计下计算的提取金额，借记“本年盈余分配”科目，贷记“专用基金”科目

6. 专用基金是指事业单位按照规定提取或设置的具有专门用途的净资产，以下哪些是可以提取的专用基金类型？（　　）

A. 学生奖励基金　　B. 修购基金

C. 科技成果转化基金　　D. 职工福利基金

7. 行政单位的净资产科目有（　　）。

A. “本期盈余”　　B. “无偿调拨净资产”

C. “累计盈余”　　D. “权益法调整”

三、判断题

（　　）1. 净资产是指行政事业单位资产扣除负债后的余额，反映国家和行政事业单位的资产所有权。

（　　）2. 单位应当设置“专用基金”科目，核算事业单位按照规定提取或设置的具有专门用途的净资产。

（　　）3. 年末首先将本期盈余额结转本年盈余分配，然后按规定从本年度非财政拨款结余或经营结余中提取专用基金，最后将提取专用基金后的余额转入累计盈余。

（　　）4. 政府会计主体设置“本期盈余”“专用基金”“本年盈余分配”科目进行本期盈余及本年盈余分配的核算。

（　　）5. “本年盈余分配”账户年末结账后，应无余额。

（　　）6. 事业单位按规定使用提取的专用基金时，借记“银行存款”等科目，贷记“专用基金”科目。

（　　）7. 年末结账后，“本期盈余”科目的余额在贷方。

四、业务题

某事业单位2024年年终办理下列有关本期盈余及分配业务，请根据有关凭证编写会计分录。

（1）3日，用专用基金（使用按收入的一定比例计提的职工福利基金）支付职工年度体检费18 700元，已通过网银转账付讫。

（2）5日，用专用基金（使用按非财政拨款结余的一定比例计提的修购基金）购置一台专用设备，该设备价款40 000元，通过网银转账付讫。

（3）31 日，按规定计算出当年应按事业收入计提的专用基金额为 17 500 元。

（4）31 日，本月实现财政拨款收入 310 000 元，事业收入 180 000 元，经营收入 10 000 元。本月发生的业务活动费用 210 000 元，单位管理费用 85 000 元，经营费用 5 000 元，请结转本月的各项收入和发生的各项费用。

（5）截至 12 月 31 日，“本期盈余”账户期末本年累计余额为贷方 28 800 元。

（6）按照预算会计（从本年度非财政拨款结余或经营结余中提取专用基金）下计算提取的专用基金额为 12 600 元。

（7）12 月 31 日，结转“本年盈余分配”科目计提专用基金后的余额为 16 200 元。

中篇　政府会计中级实务

项目一　资产中级实务

一、单选题

1. 应收账款是指（　　）提供服务、销售产品等应收取的款项，以及单位因出租资产、出售物资等应收取的款项。

A. 行政单位　　B. 事业单位

C. 行政事业单位　　D. 其他单位

2. 事业单位应当于每年年末，对收回后（　　）的应收账款进行全面检查，如发生不能收回的迹象，应当计提坏账准备。

A. 不需要上缴财政　　B. 需要上缴财政

C. 核销　　D. 不核销

3. 事业单位开展有偿性业务咨询活动发生应收未收的应计入其他应收款的收入（不上缴财政），应做的会计分录是（　　）。

A. 借：其他应收款
　　贷：经营收入

B. 借：应收账款
　　贷：经营收入

C. 借：预付账款
　　贷：经营收入

D. 借：其他应收款
　　贷：经营预算收入

4. 事业单位开展非独立核算的生产经营活动，发生应收未收某单位的货款（不上缴财政），应做的会计分录是（　　）。

A. 借：应收账款——某单位
　　贷：经营收入

B. 借：应收账款——某单位
　　贷：事业收入

C. 借：其他应收款——某单位
　　贷：经营收入

D. 借：应收账款——某单位
　　贷：经营预算收入

5. 事业单位开展业务活动，发生收回后应上缴财政的某单位暂欠款项，应做的会计分录是（　　）。

A. 借：应收账款——某单位
　　贷：事业收入

B. 借：应收账款——某单位
　　贷：应缴财政款

C. 借：资金结存
　　贷：事业预算收入

D. 借：预收账款——某单位
　　贷：事业收入

6. 事业单位计提坏账准备的会计分录是（　　）。

A. 借：事业支出——坏账损失
　　贷：坏账准备——应收账款/其他应收款

B. 借：业务活动费用——坏账损失
　　贷：坏账准备——应收账款/其他应收款

C. 借：单位管理费用——坏账损失
　　贷：坏账准备——应收账款/其他应收款

D. 借：其他费用——坏账损失
　　贷：坏账准备——应收账款/其他应收款

7. 某单位报经批准用某设备置换某单位某种材料一批，设备估价为 20 000 元，账面余额 55 000 元，已提折旧 10 000 元。置换交接手续办理完毕，通过网银转账支付置换差价 11 000 元和运费 1 200 元。该批材料的入账价值为（　　）元。

A. 20 000　　B. 55 000　　C. 12 200　　D. 32 200

8. 政府会计主体接受捐赠取得的库存物品，其入账成本选取的正确顺序应当是该资产的（　　）。

A. 相关凭证注明的金额，评估价值，同类资产市场价格，名义金额

B. 评估价值，相关凭证注明的金额，名义金额，同类资产市场价格

C. 同类资产市场价格，评估价值，相关凭证注明的金额，名义金额

D. 名义金额，相关凭证注明的金额，评估价值，同类资产市场价格

9. 单位盘盈库存物品报经批准后的账务处理应为（　　）。

A. 借：待处理财产损溢
　　贷：库存物品

B. 借：待处理财产损溢
　　贷：单位管理费用

C. 借：待处理财产损溢
　　贷：资产处置费用

D. 借：待处理财产损溢
　　贷：其他应收款

10. 政府会计主体资产清查中查明的资产盘盈、盘亏、报废和毁损，一般应当先计入（　　），按照规定报经批准后及时进行账务处理。年末结账前一般应处理完毕。

A. 固定资产　　B. 资产处置费用

C. 待处理财产损溢　　D. 库存现金

11. 职工预借的差旅费、已经偿还银行尚未报销的本单位公务卡欠款、拨付给内部有关部门的备用金、应向职工收取的各种垫付款项、支付的可以收回的订金或押金、应收的上级补助和附属单位上缴款项等款项应该计入（　　）。

A. 应收账款　　B. 其他应收款

C. 应收票据　　D. 预付账款

12. 对于发生的库存物资毁损，应当将库存物资账面余额转销计入当期费用，并将毁损库存物资处置收入扣除相关处置税费后的差额按规定记入相关账户。若差额为净收益，

记入（　　）账户；若差额为净损失，记入（　　）账户。

A. “应缴财政款”；“单位管理费用”
B. “应缴财政款”；“业务活动费用”
C. “应缴财政款”；“资产处置费用”
D. “其他应交税费”；“资产处置费用”

13. 盘盈的固定资产在批准处理前的会计分录是（　　）。

A. 借：固定资产
　　贷：待处理财产损溢
B. 借：待处理财产损溢
　　贷：固定资产
C. 借：待处理财产损溢
　　贷：以前年度盈余调整
D. 借：以前年度盈余调整
　　贷：待处理财产损溢

14. 报废的固定资产，经主管部门和财政部门批准后的账务处理为（　　）。

A. 借：以前年度盈余调整
　　贷：待处理财产损溢
B. 借：待处理财产损溢
　　贷：固定资产
C. 借：待处理财产损溢
　　贷：以前年度盈余调整
D. 借：资产处置费用
　　贷：待处理财产损溢

15. 无法查明原因的现金长款，批准处理后的账务处理为（　　）。

A. 借：资产处置费用
　　贷：待处理财产损溢
B. 借：待处理财产损溢
　　贷：其他收入
C. 借：待处理财产损溢
　　贷：以前年度盈余调整
D. 借：其他收入
　　贷：待处理财产损溢

16. 事业单位职工预借差旅费现金的会计分录是（　　）。

A. 借：其他应收款——某职工
　　贷：库存现金
B. 借：业务活动费用
　　贷：库存现金
C. 借：事业支出
　　贷：库存现金
D. 借：其他应收款——某职工
　　贷：银行存款

17. 委托加工产品的成本的计量方法是（　　）。

A. 发出的材料费
B. 发出的材料费＋加工费
C. 发出的材料费＋加工费＋运输成本
D. 发出的材料费＋加工费＋对方单位支付的增值税税款＋运输成本

18. 行政单位自制的库存物品在自制过程中，按加工物品核算，下列核算正确的是（　　）。

A. 自制物品领用材料，借记“加工物品——自制物品——直接材料”科目
B. 自制物品领用材料，借记“加工物品——直接材料”科目
C. 自制物品发生的人员经费，借记“自制物品——直接人工”科目
D. 自制物品期间使用的固定资产等，借记“加工物品——固定资产累计折旧”科目

二、多选题

1. 事业单位开展业务活动，通过银行转账收到某单位上月所欠款项（不上缴财政），应做的会计分录是（　　）。

A. 借：银行存款
贷：应收账款——某单位

B. 借：银行存款
贷：应缴财政款

C. 借：资金结存
贷：事业预算收入

D. 借：银行存款
贷：事业收入

2. 单位资产处置应当遵循（　　）原则，严格履行相关审批程序。

A. 公开　　B. 公平　　C. 公正　　D. 竞争、择优

3. 国有资产处置是指政府会计主体对其占有、使用的国有资产进行（　　）或者（　　）的行为。

A. 产权转让　　B. 产权注销　　C. 出租　　D. 出借

4. 单位国有资产处置方式包括（　　）等。

A. 无偿调拨、对外捐赠　　B. 出售、出让

C. 转让、置换　　D. 报废、报损

E. 货币性资产损失核销

5. 事业单位通过零余额账户开户行转账收到上期开展有偿性业务咨询活动已计入其他应收款的款项，应做的会计分录有（　　）。

A. 借：零余额账户用款额度
贷：其他应收款

B. 借：银行存款
贷：其他应收款

C. 借：银行存款
贷：经营收入

D. 借：资金结存——零余额账户用款额度
贷：经营预算收入

6. 事业单位开展生产经营活动，收到某单位通过银行转来前欠货款（应收款与价款相等），应做的会计分录有（　　）。

A. 借：银行存款
贷：应收账款——某单位

B. 借：银行存款
贷：经营收入

C. 借：资金结存——货币资金
贷：经营预算收入

D. 借：银行存款
贷：库存物品

7. 下列关于"坏账准备"科目的表述中，正确的是（　　）。

A. "坏账准备"科目的借方登记实际发生的坏账损失金额和冲减的坏账准备金额

B. "坏账准备"科目的期末余额一般在借方，反映已转销的坏账准备

C. "坏账准备"科目应当分应收账款和其他应收款进行明细核算

D. "坏账准备"科目的贷方登记当期计提的坏账准备金额

8. 事业单位对收回后不需要上缴财政的应收账款和其他应收款发生的坏账损失采用（　　）核算。对收回后需要上缴财政的应收账款和其他应收款发生的坏账损失采用（　　）核算。

A. 备抵法　　B. 直接转销法

C. 双倍余额递减法　　D. 年数总和法

9. 政府会计主体主要设置（　　）科目和（　　）科目进行资产处置业务的核算。

A. “待处理财产损溢”　　B. “资产处置费用”

C. “应缴财政款”　　D. “其他应交税费”

10. “加工物品”科目应当设置（　　）两个一级明细科目，并按照物品类别、品种、项目等设置明细账，进行明细核算。

A. “自制物品”　　B. “生产成本”

C. “制造费用”　　D. “委托加工物资”

11. 以下对“资产处置费用”科目描述正确的是（　　）。

A. 按处置资产的类别、资产处置的形式等设置明细科目

B. 核算转销的被处置资产价值

C. 核算在处置过程中发生的相关费用或者处置收入小于相关费用形成的净支出

D. 期末结转后应无余额

三、判断题

（　　）1. 资产处置费用是指政府会计主体经批准处置资产时发生的费用，包括转销的被处置资产价值，以及在处置过程中发生的相关费用或者处置收入小于相关费用形成的净支出。

（　　）2. 已完成的测绘、地质勘查、设计成果等的成本，通过“在途物品”科目核算。

（　　）3. 单位随买随用的零星办公用品，可以在购进时直接列作费用，不通过“库存物品”科目核算。

（　　）4. 单位控制的政府储备物资，通过“库存物品”科目核算，不通过“政府储备物资”科目核算。

（　　）5. 单位受托存储保管的物资和受托转赠的物资，通过“受托代理资产”科目核算，不通过“库存物品”科目核算。

（　　）6. 未完成的测绘、地质勘查、设计成果的实际成本，通过“加工物品”科目核算。

（　　）7. 对政府会计主体占有、使用的房屋建筑物、土地、车辆和货币性资产等主要资产的处置，直接影响政府会计主体工作的正常开展，并且处置过程易受主观因素的影响，造成国有资产的流失，此类资产无论金额大小，一律报经主管部门审核同意后报财政部门审批。

（　　）8. 资产处置收入包括变价收入和残值收入，处置收入属于国家所有。资产处置收入按照政府非税收入管理的规定，实行“收支两条线”管理，即单位资产处置收入要及时、足额上缴同级财政专户或者国库。

（　　）9. 坏账准备计提方法一经确定，不得随意变更。如需变更，应当按照规定报经批准，并在财务报表附注中予以说明。

（　　）10. 事业单位应当于每年年末，对收回后需上缴财政的应收账款进行全面检查，如发生不能收回的迹象，应当计提坏账准备。

（　　）11. 事业单位应当于每年年末，对其他应收款进行全面检查，如发生不能收回的迹象，应当计提坏账准备。

（　　）12. 对于发生的库存物资毁损，应当将库存物资账面余额转销计入当期费用，并将毁损库存物资处置收入扣除相关处置税费后的差额按规定做应缴款项处理（差额为净收益时）或计入当期费用（差额为净损失时）。

（　　）13. 单位应当对其他应收款严格控制、健全手续、及时清理。严格控制，即按照少量、短期、必需、安全的原则，严格审查，预防坏账发生；健全手续，即建立责任制，规范审批程序，完善审批手续，确保其合法性；及时清理，即经常检查其回收情况，督促经办人员及时结算清理，不得长期挂账。

四、业务题

1. 某事业单位（一般纳税人）在专业业务活动及其辅助活动之外开展非独立核算经营活动，2024 年 12 月发生以下有关应收账款业务，请根据有关凭证编制会计分录。

（1）4 日，销售给大发公司乙商品一批，价款 18 000 元，税款 2 340 元，货款尚未收到（若该应收账款收回后不需要上缴财政）。

（2）10 日，大发公司通过网银转来上述货款 20 340 元（若该应收账款收回后不需要上缴财政）。

若该应收账款收回后需要上缴财政。

（3）30 日，对单位应收账款进行全面检查时发现，千禧公司所欠货款 3 000 元有逾期无法收回的风险（若该应收账款收回后不需要上缴财政），对该笔应收款计提坏账准备。

若该应收账款收回后需要上缴财政。

（4）30 日，因尚德公司破产，所欠货款 18 000 元已逾期三年未予偿还。按规定程序报批后予以核销（若该应收账款收回后不需要上缴财政）。

若该应收账款收回后需要上缴财政。

（5）25 日，通过网银转账收到以前年度已经核销的万和公司所欠货款 17 000 元（若该应收账款收回后不需要上缴财政）。

若该应收账款收回后需要上缴财政。

2. 某事业单位 2024 年发生以下其他应收款业务，请根据有关凭证编制会计分录。

（1）7 月 3 日，以现金支付后勤人员王建预借差旅费 2 000 元。

（2）7 月 10 日，王建报销差旅费 1 500 元，退回现金 500 元。

（3）9 月 11 日，按主管部门资金调剂约定，主管部门应拨付非财政资金 370 000 元。

（4）9 月 14 日，主管部门通过网银转账拨付上述补助款 370 000 元。

（5）12 月 25 日，按规定程序报经批准后将人事处李琳三年前借款 2 400 元予以核销。

（6）承上，若上述已经核销的职工借款又全额收回。

3. 某单位 2024 年 7 月发生下列有关库存物品业务，请根据有关凭证编制会计分录。

（1）1 日，购进专用材料一批，价款 10 000 元，税款 1 300 元。通过银行转账支付供货单位货款 11 300 元，另以现金支付运杂费 400 元，发票账单已经收到，材料尚未入库。

(2) 5 日，收到库管开出的材料验收入库单，上述专用材料验收入库。

(3) 6 日，购进打印纸一批，价款 5 000 元，税款 650 元。货款通过网银转账支付，发票账单已经收到，材料已验收入库。

(4) 8 日，收到某单位无偿捐赠业务学习资料一批，评估价值 17 000 元。

(5) 9 日，收到主管部门无偿调入一批防疫物资，发票价格 12 000 元，另通过银行转账支付相关运费 600 元。

(6) 10 日，收到主管部门无偿调入一批专用材料，因无相关凭据及同类或类似资产的市场价格，故以名义金额入账。专用材料交接手续办理完毕，通过网银转账支付运输费 1 000 元。

(7) 11 日，经批准将库存的物品对外销售，这批物品的购进成本为 28 000 元，已经发出，通过银行转账收到材料销售款 30 000 元。同时，通过网银转账支付销售过程中的包装、运输等相关费用 800 元。

(8) 16 日，将价值 22 000 元的一批教学资料调拨给某下属单位。另通过银行转账支付运输费用 2 100 元。

(9) 17 日，将价值 18 000 元的一批文具捐赠给扶贫单位。通过网银转账支付运输等费用 600 元。

（10）18日，经批准委托大华公司加工一批实验材料，从仓库领用甲、乙两种材料，根据材料发出汇总表，甲材料的发出成本为10 000元，乙材料的发出成本为20 000元。

（11）25日，以银行转账支付大华公司的加工费80 000元。

（12）28日，委托大华公司加工的实验材料已经加工完成，验收入库，结转完工入库产品的成本110 000元。

（13）31日，发出材料汇总表列明办公室领用办公用品16 000元。

（14）31日，经商议用一批学习资料置换某单位办公用品一批，该批学习资料估价为17 000元，账面余额26 000元。置换交接手续办理完毕，通过网银转账支付运费1 000元。

4. 某事业单位2024年发生下列有关库存现金盘点业务，请根据有关凭证编制会计分录。

（1）8月31日，现金盘点报告单列明现金长款500元。

（2）9月1日，经核查，上述溢余的500元是职工王勇尚未领取的考勤奖金。

（3）9月2日，出纳将上述500元以现金形式支付给职工王勇。

若上述现金长款属于无法查明原因的长款，报经批准处理。

(4) 11 月 30 日，现金盘点报告单列明现金短缺 300 元。

(5) 12 月 3 日，经核查，短缺的 300 元是由于出纳赵新勇丢失引起，经批准由出纳赔偿。

(6) 12 月 10 日，赵新勇赔偿现金 300 元。

若上述短款属于无法查明原因的现金短款，报经批准核销。

5. 某事业单位 2024 年发生下列有关库存物资盘点业务，请根据有关凭证编制会计分录。

(1) 10 月 10 日，“库存物资盘点表”列明甲材料盘盈 1 000 元。

(2) 10 月 30 日，经查实上述盘盈甲材料属于计量误差所致，报经批准后冲销单位管理费用。

(3) 11 月 15 日，“库存物资盘点表”列明乙材料盘亏 15 000 元。

(4) 11 月 18 日，经查实上述盘亏的乙材料属于自然灾害造成，报经批准后核销。

6. 某事业单位2024年发生下列有关固定资产盘点业务，请根据有关凭证编制会计分录。

（1）10月10日，财产清查表列明盘盈专用设备一台，设备的重置成本为60 000元。

（2）10月25日，按规定报经批准将上述盘盈设备列入“以前年度盈余调整”。

（3）11月1日，财产清查表列明一台专用设备报废，原价为150 000元，已计提折旧118 000元。

（4）11月5日，上述专用设备经主管部门和财政部门批准同意予以报废。

（5）11月10日，通过银行转账支付上述专用设备清理费1 500元。

（6）11月13日，通过银行转账收到上述专用设备变价收入2 500元。

（7）11月15日，将上述多媒体设备清理报废的净收入转列入“应缴财政款”。

项目二 负债中级实务

一、单选题

1. 单位无法偿付或债权人豁免偿还的应付账款，报经批准后应记入（　　）科目。

A. “其他收入”　　B. “其他应收款”

C. “捐赠收入”　　D. “其他支出”

2. 开出银行承兑汇票，偿付前欠货款的账务处理为（　　）。

A. 借：其他收入
　　贷：应付账款

B. 借：应付账款
　　贷：其他收入

C. 借：应付票据
　　贷：应付账款

D. 借：应付账款
　　贷：应付票据

3. 事业单位开展生产经营活动，购进某单位某种材料已验收入库，货款暂时未付，应做的会计分录是（　　）。

A. 借：业务活动费用
　　贷：应付账款——某单位

B. 借：单位管理费用
　　贷：应付账款——某单位

C. 借：库存物品
　　贷：应付账款——某单位

D. 借：经营支出
　　贷：资金结存——货币资金

4. 事业单位开展业务活动通过银行转账收到某单位押金，应做的会计分录是（　　）。

A. 借：银行存款
　　贷：其他应收款——某单位

B. 借：资金结存——货币资金
　　贷：其他预算收入

C. 借：银行存款
　　贷：其他收入

D. 借：银行存款
　　贷：其他应付款——某单位

5. 单位收到同级政府财政部门预拨的下期预算款和没有纳入预算的暂付款项，应通过（　　）科目核算。

A. “其他应收款”　　B. “其他应付款”

C. “财政拨款收入”　　D. “事业收入”

6. 事业单位收到某单位委托管理的代管物资，应做的会计分录是（　　）。

A. 借：库存物品——受托代理资产
　　贷：受托代理负债

B. 借：受托代理资产
　　贷：应付账款

C. 借：受托代理资产
　　贷：受托代理负债

D. 借：受托代理资产
　　贷：其他应付款

7. 无法偿付或债权人豁免偿还的预收账款，经批准后计入（　　）。

A. 捐赠收入　　B. 其他应收款

C. 其他收入　　D. 其他支出

8. 单位收取的押金、存入保证金、已经报销但尚未偿还银行的本单位公务卡欠款等应计入（　　）。

A. 应付账款　　B. 其他应付款

C. 预收账款　　D. 受托代理负债

9. 单位管理的罚没物资应当通过（　　）科目核算。

A. “应付账款”　　B. “其他应付款”

C. “受托代理资产”　　D. “受托代理负债”

10. 单位收到的受托代理资产为现金和银行存款的，通过（　　）科目核算。

A. “库存现金/银行存款”　　B. “其他应付款”

C. “受托代理资产”　　D. “受托代理负债”

11. 单位采用实拨资金方式转拨给下属单位的财政拨款，应通过（　　）科目核算。

A. “其他应收款”　　B. “其他应付款”

C. “财政拨款收入”　　D. “事业收入”

12. 学校拨付给教务部门的备用金计入（　　）。

A. 应收账款　　B. 其他应收款

C. 其他应付款　　D. 事业收入

二、多选题

1. 事业单位开展生产经营活动，通过银行转账支付上月所欠某单位货款（应付与货款相等），应做的会计分录有（　　）。

A. 借：应付账款——某单位
　　贷：银行存款

B. 借：事业支出
　　贷：资金结存——货币资金

C. 借：应收账款——某单位
　　贷：银行存款

D. 借：经营支出
　　贷：资金结存——货币资金

2. 事业单位开展生产经营活动，通过银行转账收到某单位订购某种物品定金，应做的会计分录有（　　）。

A. 借：银行存款
　　贷：经营收入

B. 借：银行存款
　　贷：预收账款——某单位

C. 借：资金结存——货币资金
　　贷：经营收入

D. 借：资金结存——货币资金
　　贷：经营预算收入

3. 转赠物资的委托人取消了对捐赠物资的转赠要求，且不收回捐赠物资时，按照转赠物资的成本，应做的会计分录有（　　）。

A. 借：受托代理资产
　　贷：受托代理负债

B. 借：银行存款
　　贷：受托代理负债

C. 借：受托代理负债
　　贷：受托代理资产

D. 借：库存物品/固定资产
　　贷：其他收入

4. 下列属于受托代理业务的有（　　）。

A. 受托指定转赠的物资　　B. 受托存储保管的物资

C. 接受捐赠的物资　　D. 单位管理的罚没物资

5. 流动负债是指预计在 1 年内偿还的负债，按流动性来划分，以下属于行政单位流动负债的是（　　）。

A. 短期借款　　B. 应付职工薪酬

C. 应缴财政款　　D. 应交增值税

6. 以下哪种情况通过“其他应付款”账户核算？（　　）

A. 同级政府财政部门预拨的下期预算款

B. 没有纳入预算的暂付款项

C. 采用实拨资金方式通过本单位转拨给下属单位的财政资金

D. 已经报销但尚未偿还银行的公务卡欠款

三、判断题

（　　）1. 应付账款是指单位因购买物资、接受服务、开展工程建设等而应付的偿还期限在 1 年以内（含 1 年）的款项。

（　　）2. 预收账款是指行政事业单位预先收取但尚未结算的款项。

（　　）3. 采用实拨资金方式通过本单位转拨给下属单位的财政拨款计入财政拨款收入。

（　　）4. 转赠物资的委托人取消了转赠要求，且不再收回时，按照转赠物资的成本转为本单位存货、固定资产等。

（　　）5. 受托代理资产账户，贷方登记接受委托受托代理资产的成本，借方按委托方要求转出受托代理资产的成本。期末贷方余额，反映单位尚未交付或发出受托代理资产形成的受托代理负债金额。

四、业务题

1. 某事业单位（增值税一般纳税人）2024 年发生下列有关应付账款业务，请根据有关凭证编制会计分录。

（1）11 月 2 日，为开展生产经营活动从万利公司购入不需要安装的某种专用设备一台，价款 100 000 元，税款 13 000 元。该设备已投入使用但款项尚未支付。

（2）12 月 10 日，收到“财政直接支付到账通知书”支付上述某专用设备款 113 000 元。

2. 某事业单位（增值税一般纳税人）2024 年发生下列有关预收账款业务，请根据有关凭证编制会计分录。

（1）10 月 2 日，通过网银转账收到爱敬公司预付劳务合同定金 30 000 元（与爱敬公司签订劳务供应合同，约定期限两个月、价款 100 000 元）。

（2）12 月 2 日，上述劳务合同履约完毕，通过银行转账收到爱敬公司合同余款 70 000 元，税款 13 000 元，价税合计 83 000 元。

3. 某事业单位 2024 年发生下列有关其他应付款业务，请根据有关凭证编制会计分录。

（1）3 月 5 日，经批准用财政项目经费购入复印机一台，价款 60 000 元，质保期 6 个月，扣留质保金 5 000 元。通过银行转账支付 55 000 元。

（2）若质保金期满，通过网银转账支付质保金 5 000 元。

（3）5 月 4 日，向长江公司出租某专用设备一台，合同约定租赁期为 3 个月、租金 50 000 元，租赁期满后一次付清。通过网银转账收到押金 5 000 元。

（4）承（3），8 月 4 日，租赁期满，因设备受损，按合同约定扣收押金 4 000 元，通过网银转账退回余款 1 000 元。

（5）5 月 10 日，通过网银转账收到财政部门预拨款 180 000 元。

（6）承（5），6 月 2 日，将上述预拨款转为本月财政基本支出预算拨款。

(7) 6月20日，按规定程序报经批准，将应付原单位职工因张亮差旅费垫款5 000元转列收入。

4. 某行政单位2024年发生下列有关受托代理业务，请根据有关凭证编制会计分录。

(1) 9月2日，接受某单位委托，将专用材料一批转赠给某研究院，该批材料价税合计74 000元，材料已交付并验收入库。

(2) 9月18日，根据受托协议约定单位承担上述专用材料的运费，通过网银转账支付运输费1 180元。

(3) 9月27日，将上述受托转赠的专用材料实际交付给某研究院。

(4) 10月10日，受崇文公司委托将代管的某种工程物资转交其指定受赠单位，该批物资价税合计56 000元。

(5) 承(4)，若10月20日崇文公司收回对上述代管的某种工程物资的转赠要求，且不再收回该工程物资。

(6) 11月30日，行政执法过程中依法没收某种材料一批，其市场价值22 000元。

(7) 12月15日，经批准，上述罚没材料交中介公司变价处理。

(8) 12月22日，上述罚没材料变价处理后所得价款共计13 600元。款项通过银行转账收讫(应上缴财政)。

项目三　收支业务中级实务

一、单选题

1.（　　）是指事业单位开展专业业务活动及其辅助活动实现的收入。

A. 事业收入　　B. 上级补助收入

C. 附属单位上缴收入　　D. 财政拨款收入

2. 事业单位取得按照国家有关规定应当上缴国库或者财政专户的资金，（　　）事业收入。

A. 不计入　　B. 计入　　C. 可能计入　　D. 具体判断

3. 从财政专户核拨给事业单位的资金和经核准不上缴国库或者财政专户的资金，（　　）事业收入。

A. 计入　　B. 不计入　　C. 可能不计入　　D. 具体判断

4. 期末，“事业收入”科目余额转入（　　）。

A. 累计盈余　　B. 本期盈余　　C. 本年盈余分配　　D. 专用基金

5. 年末，应将事业预算收入中的专项资金收入转入（　　）；将其中的非专项资金收入转入（　　）。

A. 财政拨款结转；其他结余　　B. 其他结余；非财政拨款结转

C. 非财政拨款结转；其他结余　　D. 其他结余；财政拨款结转

6. 单位收到从财政专户返还的款项时，财务会计核算应（　　）。

A. 借：银行存款
　　贷：预收账款

B. 借：事业收入
　　贷：其他结余

C. 借：银行存款
　　贷：事业收入

D. 借：事业收入
　　贷：本期盈余

7.（　　）是指单位从非同级政府财政部门取得的经费拨款，包括从同级政府其他部门取得的横向转拨财政款、从上级或下级政府财政部门取得的经费拨款等。

A. 事业收入　　B. 非同级财政拨款收入

C. 财政拨款收入　　D. 上级补助收入

8. 单位通过银行转账取得非同级财政拨款预算收入，预算会计应借记（　　）科目，贷记“非同级财政拨款预算收入”科目。

A. “事业支出”　　B. “财政拨款预算收入”

C. “资金结存——零余额账户用款额度”　　D. “资金结存——货币资金”

9. 年末，应将非同级财政拨款预算收入中的专项资金收入转入（　　）；将其中的非专项资金收入转入（　　）。

A. 非财政拨款结转；其他结余　　B. 其他结余；非财政拨款结转

C. 财政拨款结转；其他结余　　D. 其他结余；财政拨款结转

二、多选题

1. 下列关于“收支两条线”管理说法正确的是（　　）。

A. 收费主体是履行或代行政府职能的国家机关、单位和社会团体

B. 各种收费、罚没项目的设立都必须有法律、法规依据

C. 收费、罚没收入必须全部上缴财政，作为国家财政收入纳入财政预算管理

D. 收费实行收缴分离，罚没实行罚缴分离，即实行执收执罚单位开票、银行缴款、财政统管的模式

E. 执收执罚单位的开支，由财政部门按批准的部门综合预算拨付

2. 单位取得的非同级财政拨款收入包括（　　）。

A. 从同级财政以外的同级政府部门取得的横向转拨财政款

B. 从上级或下级政府（包括政府财政和政府部门）取得的各类财政款

C. 从同级政府部门取得的横向转拨财政款

D. 从上级或下级政府其他部门取得的各类财政款

3. 事业收入和事业预算收入的确认与计量分为（　　）。

A. 采用财政专户返还方式的确认与计量

B. 采用预收款方式的确认与计量

C. 采用应收款方式的确认与计量

D. 采用其他收款方式的确认与计量

4. 事业单位下列业务的账务处理正确的有（　　）。

A. 无法偿付的应付账款经批准核销时，应借记“应付账款”科目，贷记“事业收入”科目

B. 无法查明原因的现金盘盈经批准核销时，应借记“待处理财产损溢”科目，贷记“其他收入”科目

C. 收回过去已核销的应收账款，应借记“银行存款”等科目，贷记“其他收入”科目

D. 债权人豁免偿还的长期应付款，应借记“长期应付款”科目，贷记“其他收入”科目

三、判断题

（　　）1. 行政事业单位依法取得的应当上缴财政收入款项等，属于行政事业单位收入的范围。

（　　）2. 事业单位因开展科研及其辅助活动从非同级政府财政部门取得的经费拨款，应当通过“非同级财政拨款收入”科目核算。

（　　）3. 事业单位因开展科研及其辅助活动从非同级政府财政部门取得的经费拨款，应当通过“事业收入——非同级财政拨款”科目核算，不通过“非同级财政拨款收入”科目核算。

（　　）4. 事业单位应设置“事业收入”科目，核算事业单位开展专业业务活动及其辅助活动实现的收入，也包括从同级政府财政部门取得的各类财政拨款。

（　　）5. 事业（预算）收入要按照政府非税收入管理的要求实行“收支两条线”管理。

四、业务题

1. 某事业单位 2024 年 9 月发生下列有关事业（预算）收入的业务，请根据有关凭证编制会计分录。

（1）25 日，根据合同约定，应收某单位事业性收费 42 000 元。

（2）27 日，收到上述某单位通过银行转账交来上述事业性收费 42 000 元。

（3）5 日，通过银行转账收到某单位交来应上缴财政专户的业务活动费 15 100 元。

（4）9 日，通过开户银行将上述业务活动收费上缴财政专户。

（5）10 日，收到银行到账通知书，财政专户返还 14 000 元。

2. 某市属小学 2024 年 12 月发生下列有关非同级财政拨款业务，请根据有关凭证编制会计分录。

（1）3 日，通过网银转账收到市民政局转来特定人员抚恤资金 30 000 元。

（2）10 日，收到市委宣传部“民法典进校园”普法教育财政专项资金转拨通知，应拨付单位专项经费 100 000 元。

（3）2 月 25 日，通过网银转账收到市委宣传部转拨上述师资培养专项资金 100 000 元。

项目四　净资产与预算结余中级实务

一、单选题

1.（　　）是指单位历年除财政拨款收支和经营收支以外各类非同级财政拨款专项资金与其相应支出相抵后形成的结转资金。

A. 非财政拨款结余　　B. 经营结余

C. 非财政拨款结转　　D. 其他结余

2. 年末结账后，“非财政拨款结转”账户（　　）明细账户有余额。

A. “年初余额调整”　　B. “缴回资金”

C. “本年收支结转”　　D. “累计结转”

3. 事业单位按照规定从科研项目预算收入中提取项目管理费或间接费时，按照提取金额应（　　）。

A. 借：单位管理费用
　　贷：预提费用
　借：财政拨款结余——单位内部调剂
　　贷：财政拨款结转——单位内部调剂

B. 借：单位管理费用
　　贷：预提费用
　借：非财政拨款结转——缴回资金
　　贷：资金结存——货币资金

C. 借：单位管理费用
　　贷：预提费用
　借：非财政拨款结转——项目间接费用或管理费
　　贷：非财政拨款结余——项目间接费用或管理费

D. 借：单位管理费用
　　贷：预提费用
　借：经营预算收入
　　贷：经营结余

4. 按照规定，若财政拨款结转资金留归单位使用，由单位统筹调配，则年末转入（　　）。

A. 非财政拨款结余　　B. 经营结余

C. 非财政拨款结转　　D. 其他结余

5. 年末结账后，“非财政拨款结余”账户（　　）明细账户有余额。

A. “年初余额调整”　　B. “项目间接费用或管理费”

C. “结转转入”　　D. “累计结余”

6. 事业单位为了核算其按照规定从非财政拨款结余中提取的具有专门用途的资金的变动和滚存情况，应设置“专用结余”（预算结余类）科目。该科目年末（　　）。

A. 无余额

B. 年末贷方余额，反映事业单位从非同级财政拨款结余中提取的专用基金的累计滚存数额

C. 年末借方余额，反映事业单位从非同级财政拨款结余中提取的专用基金的累计滚存数额

D. 年末借方余额，反映事业单位累计使用的专用基金金额

7. 事业单位为了核算其本年度经营活动收支相抵后余额弥补以前年度经营亏损后的余额，应设置“经营结余”（预算结余类）科目。该科目（　　）。

A. 年末有贷方余额

B. 年末，如有借方余额，反映事业单位累计实现的经营结余

C. 年末，若为贷方余额，结转至非财政拨款结余分配，结转后无余额

D. 年末，若为借方余额，结转至非财政拨款结余分配，结转后无余额

8. 单位为了核算其本年度（　　）收支相抵后的余额，应设置“其他结余”（预算结余类）科目。

A. 非财政专项　　B. 非财政非专项

C. 经营　　D. 财政专项

9. 下列关于“非财政拨款结余分配”，说法正确的是（　　）。

A. 年末，将当年实现的其他结余（或超支）转入非财政拨款结余分配，将当年实现的经营结余（或亏损）转入非财政拨款结余分配

B. 年末，按照现行财务制度相关规定计算应从当年非财政拨款结余中提取专用基金

C. 年末，将提取专用基金后的非财政拨款结余分配的余额转入非财政拨款结转的累计结转

D. 年末结账后，余额在贷方

10. 下列关于经营结余年末结转的账务处理正确的是（　　）。

A. 借：经营结余
　　贷：非财政拨款结余

B. 借：经营结余
　　贷：非财政拨款结余分配

C. 借：非财政拨款结余分配
　　贷：经营结余

D. 借：非财政拨款结余
　　贷：经营结余

11. 单位按照规定缴回非财政拨款结转资金时，按照实际缴回的资金数额应（　　）。

A. 借：累计盈余
　　贷：银行存款
　借：非财政拨款结转——缴回资金
　　贷：资金结存——货币资金

B. 借：累计盈余

　　贷：银行存款

　借：财政拨款结余——单位内部调剂

　　贷：财政拨款结转——单位内部调剂

C. 借：累计盈余

　　贷：银行存款

　借：资金结存——货币资金

　　贷：非财政拨款结转/非财政拨款结余——年初余额调整

D. 借：累计盈余

　　贷：银行存款

　借：非财政拨款结转/非财政拨款结余——年初余额调整

　　贷：资金结存——货币资金

二、多选题

1. 年末，事业单位应当将（　　）账户（非财政专项资金部分）的贷方余额结转到非财政拨款结转的“本年收支结转”账户的贷方。

A. “事业预算收入”　　B. “上级补助预算收入”

C. “附属单位上缴预算收入”　　D. “非同级财政拨款预算收入”

E. “债务预算收入”　　F. “其他预算收入”

2. 年末，单位应当将（　　）账户（非财政非专项资金部分）等的贷方余额结转到“其他结余”账户的贷方。

A. “事业预算收入”　　B. “上级补助预算收入”

C. “附属单位上缴预算收入”　　D. “非同级财政拨款预算收入”

E. “债务预算收入”　　F. “其他预算收入”

G. “投资预算收益”

3. 年末，单位应当将（　　）账户（非财政非专项资金支出部分）等的借方余额结转到“其他结余”账户的借方。

A. “行政支出”　　B. “事业支出”

C. “其他支出”　　D. “上缴上级支出”

E. “对附属单位补助支出”　　F. “投资支出”

G. “债务还本支出”　　H. “投资预算收益”

4. 引起单位历年滚存的非财政拨款结转资金增减的项目包括（　　）。

A. 本年非财政拨款收支结转　　B. 年初余额调整

C. 项目间接费用或管理费　　D. 缴回资金

E. 年末结转转出

5. 引起单位历年滚存的非财政拨款结余资金增减的项目包括（　　）。

A. 非财政拨款结余分配　　B. 年初余额调整

C. 项目间接费用或管理费　　D. 缴纳所得税

E. 年末结转转出

6. 事业单位年终结账时，下列项目应转入“非财政拨款结余分配”科目的有（ ）。

A. “其他结余”科目借方余额　　B. “其他结余”科目贷方余额

C. “经营结余”科目借方余额　　D. “经营结余”科目贷方余额

三、判断题

（ ）1. “非财政拨款结转”科目的核算对象是单位除财政拨款收支、经营收支以外各非同级财政拨款的非专项资金。

（ ）2. “专用结余”科目贷方登记提取的专用基金金额，借方登记使用的专用基金金额。

（ ）3. 其他结余是指单位本年度除财政拨款收支、非同级财政专项资金收支和经营收支以外各项收支相抵后的余额。

（ ）4. 年末，非财政拨款结余分配的程序是先将当年实现的其他结余（或超支）、经营结余（或超支）转入非财政拨款结余分配，再按规定提取专用基金，然后将提取专用基金后的未分配非财政拨款结余转入非财政拨款结余。

（ ）5. 使用历年从非财政拨款结余中提取的专用基金，账务处理为借记“业务活动费用”科目，贷记“银行存款”科目；借记“事业支出”科目，贷记“资金结存”科目。

（ ）6. “专用结余”科目年末借方余额，反映事业单位从非同级财政拨款结余中提取的专用基金的累计滚存数额。

四、业务题

1. 某事业单位2024年12月发生下列有关非财政拨款结转业务，请根据有关凭证编制会计分录。

（1）结转当年预算收入类账户非财政专项资金收入累计发生额，其中：

事业预算收入（专项资金收入）	65 000元
上级补助预算收入（专项资金收入）	25 000元
附属单位上缴预算收入（专项资金收入）	13 000元
非同级财政拨款预算收入（专项资金收入）	9 000元
其他预算收入（专项资金收入）	5 000元

（2）结转当年预算支出类账户非财政专项资金支出累计发生额，其中：

事业支出（非财政专项资金支出）	89 000元
其他支出（非财政专项资金支出）	9 000元

（3）承上，结转非财政拨款结转的累计结转。

（4）承上，上述非财政拨款结转资金留归单位，按规定将其转入非财政拨款结余。

2. 某事业单位 2024 年发生下列有关非财政拨款结余业务，请根据有关凭证编制会计分录。

（1）按规定从科研项目预算收入中提取管理费 4 400 元。

（2）将留归单位使用的非财政专项资金 5 900 元转入非财政拨款结余。

（3）承上，将上述“非财政拨款结余”相关明细科目余额结转到“累计结余”明细科目。

（4）通过银行转账缴纳当年应交企业所得税 660 元。

（5）将年终非财政拨款结余分配后的未分配非财政拨款结余 6 890 元结转到“累计结余”明细科目。

3. 某事业单位 2024 年发生下列有关专用结余业务，请根据有关凭证编制会计分录。

（1）计算出应按本年非财政拨款结余提取的专用基金数为 42 000 元。

（2）用从非财政拨款结余中提取的专用基金购入专用设备一台，价税合计 28 000 元。设备已验收入库，款项通过网银转账支付。

（3）5 日，使用历年从非财政拨款结余中提取的职工福利基金为职工购入消暑降温品，通过网银转账支付价款 2 500 元。

4. 某事业单位 2024 年 12 月 31 日发生下列有关经营结余业务，请根据有关凭证编制会计分录。

（1）结转当年经营预算收入累计发生额 45 000 元。

（2）结转当年经营支出累计发生额 39 000 元。

（3）结转当年累计实现的经营结余 6 000 元。

5. 某事业单位 2024 年 12 月 31 日发生下列有关其他结余业务，请根据有关凭证编制会计分录。

（1）结转预算收入类账户非财政非专项资金收入当年累计发生额，其中：

事业预算收入（非专项资金收入）	86 000 元
上级补助预算收入（非专项资金收入）	43 000 元
附属单位上缴预算收入（非专项资金收入）	7 200 元
非同级财政拨款预算收入（非专项资金收入）	10 000 元
其他预算收入（非专项资金收入）	1 000 元

（2）结转预算支出类账户非财政非专项资金支出当年累计发生额，其中：

事业支出（非财政非专项资金支出）	50 000 元
其他支出（非财政非专项资金支出）	4 000 元
上缴上级支出	5 000 元
对附属单位补助支出	7 000 元

（3）结转当年累计实现的其他结余 81 200 元。

6. 某事业单位 2024 年 12 月 31 日发生下列有关非财政拨款结余分配业务，请根据有关凭证编制会计分录。

（1）结转本年累计实现的其他结余 52 500 元。

（2）结转本年累计实现的经营结余 61 600 元。

（3）按当年累计实现的其他结余和经营结余的 30%计提专用基金 34 230 元。

（4）结转当年未分配非财政拨款结余 79 870 元。

下篇　政府会计高级实务

项目一　资产高级实务

一、单选题

1. 短期投资在取得时，应当按照实际成本（包括购买价款和相关税费）作为初始投资成本。实际支付价款中包含的已到付息期但尚未领取的利息，应当（　　）。

A. 收到时冲减短期投资成本　　B. 计入应收利息

C. 计入应付利息　　D. 不计入初始成本

2. 单位短期投资持有期间收到的利息，应记入（　　）科目。

A. “银行存款”　　B. “短期投资”

C. “其他收入”　　D. “投资收益”

3. 长期债券投资在取得时，实际支付价款中包含的已到付息期但尚未领取的债券利息，应当（　　）。

A. 收到时冲减长期债券投资成本　　B. 计入长期债券投资应计利息

C. 计入长期债券投资初始投资成本　　D. 单独确认为应收利息

4. 以支付现金取得的长期股权投资，将实际支付的全部价款（包括购买价款和相关税费）作为实际成本。实际支付价款中包含的已宣告但尚未发放的现金股利，应当（　　）。

A. 收到时冲减长期股权投资成本　　B. 单独确认为应收股利

C. 计入长期股权投资初始投资成本　　D. 单独确认为应收利息

5. 对于分期付息、一次还本的长期债券投资，应当将计算确定的应收未收利息确认为（　　），计入投资收益。

A. 长期债券投资——成本　　B. 长期债券投资——应计利息

C. 应收利息　　D. 投资收益

6. 购建房屋及构筑物时，能够分清购建成本中的房屋及构筑物部分与土地使用权部分的，应当将其中的房屋及构筑物部分确认为（　　），将其中的土地使用权部分确认为

（　　）。

A. 固定资产；无形资产　　B. 无形资产；无形资产

C. 固定资产；固定资产　　D. 无形资产；固定资产

7. 为增加公共基础设施使用效能或延长其使用年限而发生的改建、扩建等后续支出，应当（　　）。

A. 计入当期费用　　B. 计入公共基础设施成本

C. 予以转销　　D. 不做处理

8. 通常情况下，对于自建或外购的公共基础设施，单位应当在该项公共基础设施（　　）确认。

A. 验收合格并交付使用时

B. 承担该项公共基础设施管理维护职责时

C. 签订购买合同时

D. 支付货款时

9. 下列属于公共基础设施的有（　　）。

A. 单位为满足社会公共需求而控制的，具有特定用途，一般不可移动的有形资产系统或网络的组成部分

B. 文物文化资产

C. 独立于公共基础设施、不构成公共基础设施使用不可缺少组成部分的管理维护用房屋建筑物、设备、车辆

D. 用政府和社会资本合作模式（PPP 模式）形成的公共基础设施

10. 对政府储备物资不负有行政管理职责但接受委托具体负责执行其存储保管等工作的单位，应当将受托代储的政府储备物资作为（　　）核算。

A. 受托代理资产　　B. 固定资产

C. 政府储备物资　　D. 公共基础设施

11. 为保证文物文化资产正常使用发生的日常维修等支出，其处理办法是（　　）。

A. 直接转销　　B. 列入文物文化资产成本

C. 计入固定资产成本　　D. 列入相关费用

12. 单位应当于每年年末，对预付账款进行全面检查。如果有确凿证据表明预付账款不再符合预付款项性质，或者因供应单位破产、撤销等原因可能无法收到所购货物、服务的，应当先将其转入（　　），再按照规定进行处理。

A. 应付账款　　B. 预收账款

C. 应收票据　　D. 其他应收款

13. 事业单位开展生产经营活动，收到上月订购某单位的某种材料验收入库（价款与定金相等），应做的会计分录是（　　）。

A. 借：库存物品
　　贷：预付账款——某单位

B. 借：业务活动费用
　　贷：预付账款——某单位

C. 借：事业支出
　　贷：资金结存——货币资金

D. 借：经营支出
　　贷：资金结存——货币资金

14. 单位发生付款人无力支付票款，收到银行退回的商业承兑汇票、委托收款凭证以及拒付款证明等时，应按照商业汇票的票面金额（　　）。

A. 借：业务活动费用
　　贷：应收票据

B. 借：应收账款
　　贷：应收票据

C. 借：事业支出
　　贷：应收票据

D. 借：银行存款
　　贷：应收票据

15. 单位已经支付，但应当由本期和以后各期分别负担的分摊期在1年以内（含1年）的各项费用，如预付航空保险费、预付租金等，计入（　　）。

A. 长期待摊费用　　B. 待摊费用

C. 预提费用　　D. 其他费用

16. 单位到期收回以前年度取得的长期债券，预算会计分录为借记“资金结存——货币资金”科目，贷记（　　）科目。

A. “其他结余”　　B. “财政拨款预算收入”

C. “事业支出”　　D. “投资预算收益”

17. 下列关于文物文化资产在取得时的入账成本，说法正确的是（　　）。

A. 外购的文物文化资产，其成本按照购买价款、相关税费以及可归属于该项资产达到预定用途前所发生的其他支出（如运输费、安装费、装卸费等）确认

B. 接受其他单位无偿调入的文物文化资产，其成本按照该项资产在调出方的账面价值加上归属于调入方的相关费用确认

C. 接受捐赠的文物文化资产，其成本按照名义价格确定

D. 对于成本无法可靠取得的文物文化资产，单位应当设置备查簿进行登记，待成本能够可靠确定后按照规定及时确认

18. 单位取得无偿调入的公共健身器材一套，在财务会计下可能涉及的贷方科目是（　　）。

A. “固定资产”　　B. “公共基础设施”

C. “无偿调拨净资产”　　D. “资金结存”

二、多选题

1. 下列关于单位自行研发的无形资产支出的说法中，正确的是（　　）。

A. 自行研究开发项目研究阶段的支出，应当于发生时计入当期费用

B. 自行研究开发项目开发阶段的支出，先按合理方法进行归集，如果最终形成无形资产的，应当确认为无形资产

C. 自行研究开发项目开发阶段的支出，先按合理方法进行归集，如果最终未形成无形资产的，应当计入当期费用

D. 自行研究开发项目尚未进入开发阶段，但按法律程序已申请取得无形资产的，应当将依法取得时发生的注册费、聘请律师费等费用确认为无形资产

E. 确实无法区分研究阶段支出和开发阶段支出，但按法律程序已申请取得无形资产的，应当将依法取得时发生的注册费、聘请律师费等费用确认为无形资产

2. 单位确定公共基础设施折旧年限，应当考虑的因素有（　　）。

A. 设计使用年限或设计基准期
B. 预计实现服务潜力或提供经济利益的期限
C. 预计有形损耗和无形损耗
D. 法律或者类似规定对资产使用的限制

3. 单位对公共基础设施至少应当按照（　　）进行明细核算，其他明细核算应当遵循政府会计准则制度，并满足编制行政事业性国有资产报告的需要。
A. 市政基础设施
B. 交通基础设施
C. 水利基础设施
D. 其他公共基础设施

4. 事业单位开展生产经营活动，通过银行转账支付订购某单位某产品的定金，应做的会计分录有（　　）。
A. 借：预收账款——某单位
　贷：银行存款
B. 借：预付账款——某单位
　贷：银行存款
C. 借：事业支出
　贷：资金结存——货币资金
D. 借：经营支出
　贷：资金结存——货币资金

5. 下列属于无形资产的是（　　）。
A. 专利权
B. 商标权
C. 著作权
D. 土地使用权
E. 非专利技术

6. 长期股权投资采用权益法核算的，还应当按照（　　）进行明细核算。
A. 成本
B. 损益调整
C. 应计损益
D. 其他权益变动

7. 保障性住房包括（　　）。
A. 两限商品住房
B. 经济适用房
C. 廉租房
D. 政策性租赁房

8. 下列不计入政府储备物资成本的项目有（　　）。
A. 购买价款和单位承担的相关税费
B. 日常维护费用
C. 不能归属于使政府储备物资达到目前场所和状态所发生的其他支出
D. 仓储费用

9. 下列对“投资支出”科目描述正确的是（　　）。
A. 年末将发生额转入“其他结余”科目
B. 年末结转后可能有余额
C. 核算行政单位以货币资金对外投资发生的现金流出
D. 核算事业单位以货币资金对外投资发生的现金流出

10. 下列对“投资预算收益”相关账务处理正确的是（　　）。
A. 出现投资亏损，表现为借方净额，结转时贷记“投资预算收益”科目，借记“其他支出”科目
B. 实现投资收益，表现为贷方净额，结转时借记“投资预算收益”科目，贷记“其他结余”科目

C. 出现投资亏损，表现为借方净额，结转时贷记“投资预算收益”科目，借记“其他结余”科目

D. 实现投资收益，表现为贷方净额，结转时借记“投资预算收益”科目，贷记“其他支出”科目

11. 事业单位长期债券投资收益的账务处理，正确的有（　　）。

A. 到期一次还本付息的债券投资，按期确认利息收入时，应借记“应收利息”科目，贷记“投资收益”科目

B. 分期付息、一次还本的长期债券投资，按期确认利息收入时，应借记“长期债券投资——应计利息”科目，贷记“投资收益”科目

C. 分期付息、一次还本的长期债券投资，按期确认利息收入时，应借记“应收利息”科目，贷记“投资收益”科目

D. 到期一次还本付息的债券投资，按期确认利息收入时，应借记“长期债券投资——应计利息”科目，贷记“投资收益”科目

三、判断题

（　　）1. 事业单位在保证单位正常运转和事业发展的前提下，按照国家有关规定可以对外投资的，应当履行相关审批程序。

（　　）2. 事业单位不得使用财政拨款及其结余进行对外投资，不得从事股票、期货、基金、企业债券等投资，国家另有规定的除外；若发生以非货币性资产对外投资的，应当按照国家有关规定进行资产评估，合理确定资产价值。

（　　）3. 单位应当采用年限平均法或者工作量法对无形资产进行摊销，应摊销金额为其成本，按3%预计残值。

（　　）4. 对在对外投资中出现重大决策失误、未履行集体决策程序和不按规定办理对外投资业务的部门及人员，应当追究相应的责任。

（　　）5. 单位应当对使用年限有限的无形资产进行摊销，包括已摊销完毕仍继续使用的无形资产和以名义金额计量的无形资产。

（　　）6. 建设项目中的软件研发支出，应当通过“研发支出”科目核算。

（　　）7. 公共基础设施应计提的折旧总额为其成本，计提公共基础设施折旧时不考虑预计净残值。

（　　）8. 采用政府和社会资本合作模式（PPP模式）形成的公共基础设施将另行归类，不属于单位公共基础设施。

（　　）9. 事业单位购入的到期一次还本付息的长期债券投资持有期间的利息，应当通过“应收利息”科目核算。

（　　）10. 政府会计主体按规定出售或到期收回长期债券投资，应当将实际收到的价款扣除长期债券投资账面余额和相关税费后的差额计入投资损益。

（　　）11. 以支付现金取得的长期股权投资，将实际支付的全部价款（包括购买价款和相关税费）作为实际成本。实际支付价款中包含的已宣告但尚未发放的现金股利，应计入长期股权投资初始投资成本。

（　　）12. 对于一次还本付息的长期债券投资，应当将计算确定的应收未收利息计

入投资收益，并增加长期债券投资的账面余额。

（　）13. 政府储备物资包含企业以及纳入企业财务管理体系的事业单位接受政府委托收储并按企业会计准则核算的储备物资，不包含单位的存货。

（　）14. 由于文物文化资产不介入单位业务活动过程，所以单位为满足自身开展业务活动或其他活动需要而控制的文物和陈列品属于单位固定资产管理与核算范围，不属于文物文化资产。

（　）15. 出售、对外转让或到期收回本年度以货币资金取得的对外投资的，如果按规定将投资收益纳入单位预算，按照实际收到的金额，借记“资金结存”科目，按照取得投资时“投资支出”科目的发生额，贷记“投资支出”科目，按照借贷方差额，贷记或借记“投资预算收益”科目。

（　）16. 处置长期股权投资时，按照原计入净资产的相应部分金额，借记或贷记“权益法调整”科目，贷记或借记“本年盈余”科目。

四、业务题

1. 某事业单位 2024 年发生下列有关短期投资业务，请根据有关凭证编制会计分录。

（1）3 月 1 日，购买为期半年的某期国债，价款 600 000 元，票面利率为 3%，价款通过银行转账支付。

（2）4 月 1 日，收到银行通知，上述国债 3 月份利息 1 500 元到账。

（3）5 月 1 日，收到银行通知，上述国债 4 月份利息 1 500 元到账。

（4）5 月 20 日，将上述国债出售，价款 603 000 元，款项已通过银行转账收讫。

2. 某事业单位 2024 年及 2025 年发生下列有关股权投资业务，请根据有关凭证编制会计分录。

（1）2024 年 7 月 3 日，以货币资金对 B 公司进行投资，合同确定投资额为 1 000 000 元，其中包含已宣告但尚未发放的现金股利 10 000 元，款项已通过银行转账付讫（合同约定单位不参与公司的财务和经营决策，该投资采用成本法进行后续计量）。

（2）承上，2024 年 7 月 10 日通过网银转账收到上述取得投资时已宣告但尚未发放的现金股利 10 000 元。

（3）2024 年 12 月 1 日，B 公司宣告发放现金股利 20 000 元。

（4）2025 年 1 月 13 日，通过网银转账收到 B 公司现金股利 20 000 元。

（5）2025 年 12 月 25 日，B 公司宣告发放现金股利 25 000 元。

（6）2025 年 12 月 28 日，经批准将所持有的 B 公司股权出售，售价 1 300 000 元，其中包括已宣告但尚未领取的现金股利 25 000 元。价款通过银行转账收讫，另通过银行转账支付相关税费 6 000 元。

（7）2024 年 1 月 15 日，收到主管部门无偿调入大华公司 35％的股份，市场价值 6 510 000 元。通过银行转账支付相关税费 13 000 元（合同约定单位参与公司的财务和经营决策，该投资采用权益法进行后续计量）。

（8）2024 年 12 月 1 日，大华公司本年实现净利润 500 000 元，单位应确认的投资收益为 175 000（500 000×35％）元。

（9）2024 年 12 月 5 日，大华公司宣告发放现金股利 100 000 元，单位应确认的现金股利为 35 000（100 000×35％）元。

(10) 2025 年 1 月 15 日，收到大华公司通过网银转账派发的现金股利 35 000 元。

(11) 2025 年 12 月 1 日，经批准出售所持有大华公司股权，售价 8 000 000 元。价款通过银行转账收讫，另通过银行转账支付相关税费 8 000 元（投资收益纳入单位预算管理）。

3. 某事业单位发生下列有关债券投资业务，请根据有关凭证编制会计分录。

(1) 2024 年 1 月 1 日，购买到期还本付息的三年期国债，债券面值 300 000 元，票面利率 5%，共支付 315 000 元，其中含有已到付款期但尚未领取的债券利息 15 000 元。

(2) 2024 年 1 月 15 日，收到取得投资所支付价款中已宣告但尚未领取的债券利息 15 000 元。

(3) 2024 年 12 月 31 日，计提上述债券当年利息。

(4) 2026 年 1 月 5 日，长期债券到期，收回本息 345 000 元，款项已通过银行转账收讫。

4. 某事业单位 2024 年发生下列有关在建工程业务，请根据有关凭证编制会计分录。

(1) 6 月 5 日，用财政项目经费自行装修多功能会议室一间，购买装修材料一批，通过银行转账支付材料款，价税合计 200 000 元。

(2) 6 月 20 日，为建造上述会议室，领用装修材料 180 000 元。

（3）11 月 29 日，计算出应付多功能会议室装修工人工资 100 000 元。

（4）11 月 30 日，将上述为装修多功能会议室剩余的装修材料 20 000 元转为存货。

（5）12 月 15 日，上述多功能会议室装修完工，经验收合格交付使用，按规定结转装修成本。

（6）7 月 3 日，用财政项目经费改造办公楼，办公楼的账面余额 10 000 000 元，已计提累计折旧 9 000 000 元，将其转入改建投资。

（7）7 月 30 日，通过网银转账支付上述办公楼改造的配套设施款 2 646 000 元。

（8）8 月 1 日，通过网银转账支付上述办公楼改造材料费 1 235 000 元。

（9）8 月 8 日，上述办公楼的改建工程已经完工交付使用，结转成本。

5. 某事业单位 2024 年发生下列有关无形资产业务，请根据有关凭证编制会计分录。

（1）4 月 28 日，自行研究开发一项非专利技术，在研究阶段所发生的费用有应付研究人员工资 51 000 元，使用专用材料 13 000 元，其他相关费用 10 000 元（已通过银行转账支付）。

（2）4 月 30 日，结转上述自行研究开发的非专利技术的研究支出 86 000 元。

(3) 5月20日，自行研究开发上述非专利技术，在开发阶段所发生的费用有应付研究人员工资73 000元，使用专用材料6 000元，其他相关费用44 000元（已通过银行转账支付）。

(4) 5月30日，上述自行研究开发的非专利技术已达到预定用途，形成无形资产。

(5) 6月7日，委托某软件公司开发办公软件，开发费用共计300 000元，按照合同约定预付软件公司开发费50 000元，通过网银转账进行支付。

(6) 7月5日，委托开发的办公软件交付使用，通过银行转账支付余款250 000元。

(7) 7月25日，接受胜利公司无偿捐赠财务软件一款，软件当时购买价款为70 000元。通过银行转账支付相关税费1 700元。

(8) 7月31日，接受前进公司无偿捐赠一项非专利技术，因没有相关凭据，同类或类似资产的市场价格也无法可靠取得，故以名义金额入账。通过银行转账支付相关税费1 000元。

(9) 8月23日，主管部门无偿划拨土地10亩，其市场转让价为8 000 000元。通过银行转账支付相关税费10 000元。

(10) 7月10日，通过银行转账支付教学软件漏洞修补、技术维护费6 000元。

（11）7 月 25 日，计算出单位拥有的某专利权本月应计提的摊销额为 3 000 元。

（12）8 月 26 日，经批准决定将某项非专利技术出售，其账面余额为 120 000 元，累计已计提摊销 40 000 元。

（13）8 月 30 日，以现金支付出售上述非专利技术的相关税费 2 000 元，通过银行转账收到出售价款 65 000 元（应上缴财政）。

（14）9 月 10 日，将一片闲置土地捐赠给某单位，该片土地账面余额为 8 000 000 元，累计已计提摊销 2 000 000 元，通过银行转账支付公证费 40 000 元。

（15）9 月 20 日，经批准向所属某单位无偿调出办公软件一套，账面余额为 38 000 元，累计已计提摊销 7 000 元。

6. 某事业单位 2024 年发生下列有关公共基础设施的业务，请根据有关凭证编制会计分录。

（1）8 月 12 日，主管部门无偿调入室外公共健身器材一套，发票价款 500 000 元。器材已交付使用，通过银行转账支付运输费 5 500 元。

（2）9 月 21 日，接受尚德公司无偿捐赠小型供电设备一套，供电设备价款 1 360 000 元。设备已交付使用，通过银行转账支付运输费 20 000 元。

（3）10 月 15 日，购买市政路灯一批，通过银行转账支付价款 600 000 元。

(4) 10 月 19 日，经批准用财政项目经费对垃圾处理系统进行大修理，垃圾处理系统的账面余额 5 000 000 元，已计提累计折旧 1 000 000 元，将其转入扩建投资。

(5) 11 月 10 日，通过网银转账支付上述垃圾处理系统大修理费用 1 200 000 元。

(6) 11 月 28 日，上述垃圾处理系统的大修理已经完工交付使用，结转成本。

(7) 11 月 29 日，通过银行转账支付公路养护费 200 000 元。

(8) 11 月 30 日，计算出当月应计提公共基础设施的折旧费 300 000 元。

(9) 12 月 22 日，将一批路灯无偿捐赠给对口扶贫村，该批路灯账面余额 150 000 元，累计已提折旧 20 000 元，通过银行转账支付运杂费 6 000 元。

7. 某事业单位 2024 年发生下列有关政府储备物资业务，请根据有关凭证编制会计分录。

(1) 3 月 2 日，购入防疫物资一批，价税合计 300 000 元，运杂费 60 000 元，通过网银转账支付价款及运杂费。

(2) 3 月 8 日，发生自然灾害，紧急发出储备的抢险抗灾救灾物资一批，账面余额为 905 000 元。

(3) 5 月 15 日，因突发重大医疗事故发出储备的急救药品一批，账面价值为 1 000 000 元。

（4）5月30日，上述发出的急救药品部分未使用，未使用的急救药品200 000元予以收回，已使用的急救药品为800 000元。

（5）8月5日，经主管部门批准决定将储备的某种战略及能源物资调拨给某所属单位，其账面余额为1 200 000元。

8. 某事业单位2024年发生下列有关文物资源的业务，请根据有关凭证编制会计分录。

（1）8月10日，外购研究用历史文物，价税合计600 000元，运费5 000元，款项已通过银行转账支付。

（2）8月19日，主管部门无偿调入石狮一对，市场估价1 000 000元，通过银行转账支付运费2 000元。

（3）9月6日，主管部门无偿调入艺术品一件，通过银行转账支付运费3 000元。因无相关票据及同类资产，成本无法可靠取得，故在备查簿中进行登记，待成本确定后再进行入账。

（4）9月22日，大华公司捐赠历史文物一件，市场估价60 000元，通过银行转账支付公证费1 000元。

（5）9月28日，将石雕一副无偿捐赠给某学校，该石雕账面余额200 000元，通过银行转账支付运输费2 000元。

（6）10 月 16 日，经批准将单位一传统文化艺术品无偿调给某所属单位，该艺术品账面余额 700 000 元。

9. 某事业单位 2024 年及 2025 年发生下列有关保障性住房业务，请根据有关凭证编制会计分录。

（1）7 月 2 日，用财政项目经费自行建造经济适用房，通过网银转账支付经济适用房建造工程物资价款 20 000 000 元。

（2）7 月 5 日，上述经济适用房建造工程领用工程物资 19 000 000 元。

（3）9 月 30 日，通过银行转账支付建造经济适用房相关费用共计 45 000 000 元。

（4）10 月 25 日，上述经济适用房建造工程完工，按规定将剩余工程物资转为库存物品。

（5）10 月 28 日，自行建造的经济适用房建造竣工结算交付使用，结转建造期间累计归集的建造成本共计 64 000 000 元。

（6）10 月 29 日，收到财政直接支付到账通知书，用政府性基金预算财政拨款购买廉租房 100 套，每套均价 200 000 元，共计 20 000 000 元。

（7）11 月 5 日，接受主管部门无偿调入政策性租赁房 20 套，每套均价250 000元，共计 5 000 000 元。另外，通过银行转账支付相关税费 150 000 元。

（8）11 月 30 日，计算出上半年廉租房应收租金共计 300 000 元。

（9）11 月 30 日，计算出当月各类保障性住房应计提折旧为 628 000 元。

（10）12 月 10 日，按规定出售经济适用房 15 套，账面均价 280 000 元，共计 4 200 000元，累计已提折旧 1 200 000 元。

（11）12 月 20 日，通过银行转账收到上述出售经济适用房价款3 800 000元，同时通过银行转账支付出售经济适用房应承担的相关税费 210 000 元。

（12）12 月 31 日，按规定无偿调出廉租房 10 套，账面均价 200 000 元，共计 2 000 000元，累计已提折旧 800 000 元。

10. 某事业单位开展非独立核算经营活动，2024 年发生下列有关应收票据业务，请根据有关凭证编制会计分录。

（1）3 月 1 日，向 A 公司销售甲商品一批，价款 20 000 元，税款 2 600 元。收到 A 公司承兑的期限 3 个月、面值为 22 600 元的无息银行承兑汇票一张。

（2）承上，4 月 1 日将上述汇票持向银行贴现（不附追索权），贴现率为 6%，通过网银收到贴现款 22 374 元。

票据到期日：

票据贴现期：

票据到期值：

贴现息＝

贴现净额＝

(3) 4 月 29 日，向永兴公司销售乙商品一批，价款 10 000 元，税款 1 300 元，收到 B 公司承兑的期限 3 个月、面值 11 300 元的无息商业承兑汇票一张。

(4) 承 (3)，5 月 30 日将上述汇票背书转让给紫韵公司，用以支付从紫韵公司购买的某种专用材料价款 15 000 元（不考虑增值税），另通过网银转账支付差额 3 700 元。

(5) 6 月 1 日，销售给大华公司甲商品一批，价款 25 000 元，税款 3 250 元，收到大华公司开出的期限 4 个月、面值 28 250 元的银行承兑汇票一张。

(6) 承 (5)，10 月 1 日上述银行承兑汇票到期，通过网银转账收到票款 28 250 元。

(7) 承 (5)，若到 10 月 1 日上述银行承兑汇票到期，大华公司无力兑付票款。

11. 某事业单位开展非独立核算经营活动，2024 年 8 月发生下列有关预付账款业务，请根据有关凭证编制会计分录。

(1) 7 日，向星辰公司订购某种专用材料一批，价税合计 113 000 元，按合同约定预付 30%货款，预付款通过网银转账支付。

(2) 承上，17 日，上述某种专用材料验收入库，价款 100 000 元，税款 13 000 元，余款 79 100 元通过网银转账补付。

(3) 20 日，通过网银转账预付购买尚美公司某种专用材料款 50 000 元。

（4）承（3），23 日，上述尚美公司因故无法履行供货合同，经协商通过网银退回预付货款 50 000 元。

（5）31 日，三年前支付给长安公司的预付货款 23 000 元已确认无法收回。

12. 某事业单位 2024 年发生下列有关待摊费用业务，请根据有关凭证编制会计分录。

（1）8 月 1 日，通过网银转账支付某保险公司人身意外保险费（保 6 个月）6 600 元。

（2）8 月 31 日，本月应分摊上述已预付的保险费 1 100 元。

（3）9 月 30 日，本月应分摊上述已预付的保险费 1 100 元。

（4）10 月 23 日，经商定与上述某保险公司终止合作，预付的保险费因未来无法使得单位受益，故将其摊余成本一次性转入当期费用。

13. 某事业单位 2024 年 9 月发生下列有关长期待摊费用业务，请根据有关凭证编制会计分录。

（1）2 日，对以经营租入的发电设备进行大修理，发生支出共计 36 000 元，修理间隔期为 4 年，款项通过银行转账付讫。

（2）30 日，上述大修理费用按修理间隔期 4 年平均摊销，每月摊销 500 元。

本月摊销额＝

项目二　负债高级实务

一、单选题

1. 事业单位为了核算按照规定从银行或其他金融机构等借入的、纳入部门预算管理的、不以财政资金作为偿还来源的债务本金，应设置（　　）科目。

A. "债务还本支出"　　B. "债务预算收入"

C. "经营预算收入"　　D. "经营支出"

2. 事业单位计提银行借款利息，应做的会计分录是（　　）。

A. 借：债务支出
　　贷：应付利息

B. 借：其他费用
　　贷：应付利息

C. 借：其他预算支出
　　贷：资金结存

D. 借：债务预算支出
　　贷：资金结存

3. 单位为建造固定资产借入的专门借款的利息，在建设期间发生的，按期计提利息费用时，按照计算确定的金额应（　　）。

A. 借：其他支出
　　贷：应付利息

B. 借：在建工程
　　贷：应付利息

C. 借：其他费用
　　贷：应付利息

D. 借：固定资产
　　贷：应付利息

4. 单位销售货物、加工修理修配劳务、服务、无形资产或不动产应收取的增值税税额应在（　　）专栏中核算。

A. "销项税额"　　B. "已交税金"

C. "转出未交增值税"　　D. "销项税额转出"

5. 政府单位代扣代缴的个人所得税，通过（　　）科目核算。

A. "其他应交税费"　　B. "应缴国库款"

C. "应缴财政专户款"　　D. "其他应付款"

6. 事业单位计提当期个人应交的个人所得税的会计分录是（　　）。

A. 借：应付职工薪酬——基本工资
　　贷：应交税费——应交个人所得税

B. 借：应付职工薪酬——基本工资
　　贷：其他应付款——应交个人所得税

C. 借：应付职工薪酬——基本工资
　　贷：应付账款——应交个人所得税

D. 借：应付职工薪酬——基本工资
　　贷：其他应交税费——应交个人所得税

7. 事业单位按税法规定计算出应交企业所得税，应做的会计分录是（　　）。

A. 借：业务活动费用
　　贷：其他应交税费——应交所得税

B. 借：所得税费用
　　贷：应交税费——应交所得税

C. 借：所得税费用
　　贷：其他应交税费——应交所得税

D. 借：单位管理费用
　　贷：应交税费——应交所得税

8. 应缴财政款是指政府会计主体暂时收取、按规定应当上缴（　　）的款项而形成的负债。

A. 银行或财政专户
B. 国库或财政专户
C. 国库或上级
D. 银行或上级

9. 事业单位处置资产的处理收支结清，如果处理收入大于相关费用的，按照处理收入减去相关费用后的净收入，应借记“待处理财产损溢”（处理净收入）科目，贷记（　　）科目。

A. “应缴财政款”
B. “事业收入”
C. “资产处置费用”
D. “其他收入”

10. 单位上缴应缴财政的款项时，按照实际上缴的金额，应（　　）。

A. 借：应收账款
　　贷：应缴财政款

B. 借：银行存款
　　贷：应缴财政款

C. 借：应缴财政款
　　贷：银行存款

D. 借：应缴财政款
　　贷：应收账款

11. 单位购进资产或服务取得增值税专用发票，其进项税额不得从销项税额中抵扣时，对增值税税额应借记（　　）科目。

A. “应交增值税——代扣代缴增值税”
B. “应交增值税——待认证进项税额”
C. “应交增值税——应交税金（进项税额）”
D. 相关成本费用或资产类科目

12. 商业承兑汇票到期，单位无力支付票款时，应该按照应付票据的账面余额转入（　　）。

A. 应收票据　B. 短期借款　C. 应付账款　D. 应收账款

13. 行政单位按规定计算出应当支付给政府补贴接受者的各种政府补贴款，应（　　）。

A. 借：单位管理费用
　　贷：应付政府补贴款

B. 借：经营费用
　　贷：应付政府补贴款

C. 借：业务活动费用
　　贷：应付政府补贴款

D. 借：资产处置费用
　　贷：应付政府补贴款

14. 无法偿付或债权人豁免偿还的长期应付款，按照经批准核销的金额确认为（　　）。

A. 营业外收入
B. 银行存款
C. 应收账款
D. 其他收入

15. 购入固定资产扣留期超过1年质量保证金的，质量保证金计入（　　）。

A. 其他应付款
B. 长期应付款
C. 其他应收款
D. 长期待摊费用

16. 单位有确凿证据需要对已确认的预计负债账面余额进行调增时，对调整增加的金额应（　　）。

A. 借：预计负债
　　贷：有关科目

B. 借：预计负债
　　贷：受托代理资产

C. 借：受托代理资产
　　贷：预计负债

D. 借：有关科目
　　贷：预计负债

二、多选题

1. 事业单位从银行借入短期借款，应做的会计分录有（　　）。

A. 借：银行存款
　　贷：短期借款

B. 借：银行存款
　　贷：债务收入

C. 借：资金结存——货币资金
　　贷：债务预算收入

D. 借：资金结存——货币资金
　　贷：其他预算收入

2. 事业单位通过银行转账支付前已计提的银行借款利息，应做的会计分录有（　　）。

A. 借：债务支出
　　贷：银行存款

B. 借：应付利息
　　贷：银行存款

C. 借：其他支出
　　贷：资金结存——货币资金

D. 借：债务预算支出
　　贷：资金结存——货币资金

3. 下列关于应付票据的说法正确的是（　　）。

A. 事业单位因购买材料、物资等而开出、承兑的商业汇票

B. 包括银行承兑汇票和商业承兑汇票

C. 支付的银行承兑汇票的手续费，列入当期费用

D. 贷方登记开出、承兑的商业汇票，借方登记商业汇票到期收回数

4. 下列关于预提费用的说法正确的是（　　）。

A. 指单位预先提取的已经发生但尚未支付的费用

B. 包括事业单位计提的借款利息费用

C. 包括事业单位按规定从科研项目收入中提取的项目间接费用或管理费

D. 贷方登记按规定预提的金额，借方登记实际支付的金额

5. 单位的下列业务应通过“长期应付款”科目核算的有（　　）。

A. 以分期付款方式购入固定资产发生的应付款

B. 以经营租赁方式租入固定资产的应付租赁费

C. 从保险公司借入为期 2 年的借款

D. 以融资租赁方式取得固定资产应付的租赁费

6. 事业单位通过银行转账缴纳应交的所得税，应做的会计分录有（　　）。

A. 借：应交税费——应交所得税
　　贷：银行存款

B. 借：其他应交税费——应交所得税
　　贷：银行存款

C. 借：非财政拨款结余——累计结余
　　贷：资金结存——货币资金

D. 借：经营支出
　　贷：资金结存——货币资金

7. 下列关于单位“应缴财政款”科目的说法正确的有（　　）。

A. 不包括单位按照国家税法等有关规定应当缴纳的各种税费

B. 取得或应收按规定应缴财政的款项时，按照取得或应收金额确认

C. 处置资产取得的应上缴财政的处置净收入，如果处理收入大于相关费用，按照处理收入减去相关费用后的净收入金额确认

D. 上缴应缴财政的款项时，按照实际上缴的金额确认

E. 年终清缴后一般应无余额

8. 事业单位按规定从科研项目收入中提取项目间接费用或管理费，应做的会计分录有（　　）。

A. 借：单位管理费用
　　贷：预提费用——项目间接费用或管理费

B. 借：单位管理费用
　　贷：专用基金——项目间接费用或管理费

C. 借：非财政拨款结转——项目间接费用或管理费
　　贷：专用结余

D. 借：非财政拨款结转——项目间接费用或管理费
　　贷：非财政拨款结余

9. 关于缴纳增值税，下列说法正确的是（　　）。

A. 单位缴纳当月应交的增值税，按照应交金额确认“已交税金”

B. 单位缴纳以前期间未交的增值税，按照未交金额确认“未交税金”

C. 单位预交增值税时，按照预交金额确认“预交税金”

D. 对于当期直接减免的增值税，按照减免金额确认“减免税款”

10. 属于增值税小规模纳税人的单位，需在“应交增值税”科目下设置（　　）明细科目。

A. “进项税额”　　B. “销项税额”

C. “转让金融商品应交增值税”　　D. “代扣代缴增值税”

11. 下列属于其他应交税费核算的税种有（　　）。

A. 城市维护建设税　　B. 个人所得税

C. 房产税　　D. 印花税

三、判断题

（　　）1. 根据国家规定可以举借债务的单位应当建立健全债务内部管理制度，明确债务管理岗位的职责权限，不得由一人办理债务业务的全过程。

（　　）2. 事业单位为了核算按照规定从银行或其他金融机构等借入的、纳入部门预算管理的、不以财政资金作为偿还来源的债务本金，应设置“债务预算收入”（预算收入类）科目。

（　　）3. 事业单位为了核算其偿还自身承担的纳入预算管理的从金融机构举借的债务本金的现金流出，应设置“债务还本支出”（预算支出类）科目。

（　　）4. 债务预算收入中如有专项资金收入，应按照贷款单位、贷款种类进行明细核算。

（　　）5. 其他应交税费包括城市维护建设税、房产税、车船税、城镇土地使用税和企业所得税等，但不包括教育费附加、地方教育附加和增值税。

（　　）6. 属于增值税一般纳税人的单位，应当在“应交增值税”科目下设置“应交税金”“未交税金”“预交税金”“待抵扣进项税额”“待认证进项税额”“待转销项税额”“简易计税”“转让金融商品应交增值税”“代扣代缴增值税”等明细科目，进行明细核算。

（　　）7. 应付政府补贴款是指负责发放政府补贴的行政单位，按照规定应当支付给政府补贴接受者的各种政府补贴款。

四、业务题

1. 某事业单位 2024 年发生下列有关短期借款业务，请根据有关凭证编制会计分录。

（1）6 月 1 日，从建设银行借入 240 000 元，合同约定借款期限 3 个月、年利率 4%、按月付息。款项已转入单位银行账户。

（2）6 月 30 日，计算上述借款当月利息。

当月利息＝

（3）6 月 30 日，通过银行转账支付上述借款当月利息。

（4）7 月 31 日，计算并支付上述借款当月利息。

（5）8 月 31 日，通过银行转账偿还上述借款本金 240 000 元。

2. 某事业单位 2024 年及 2025 年发生下列有关长期借款业务，请根据有关凭证编制会计分录。

（1）2024 年 1 月 1 日，为改造办公楼（工期 1 年半）从建设银行借入 600 000 元，借款合同约定期限 2 年、年利率 5%，每年年末计算并支付当年利息，到期一次还本。款项已转入单位银行账户。

（2）2024 年 12 月 31 日，计算并支付当年利息。

当年利息＝

（3）2025 年 12 月 31 日，计算并支付上述借款当年利息。

（4）2025 年 12 月 31 日，偿还上述借款本金。

3. 某事业单位作为增值税一般纳税人在专业业务活动及其辅助活动之外从事非独立核算的生产经营性活动，2024 年发生下列有关应交增值税业务，请根据有关凭证编制会计分录。

（1）4 月 20 日，购进计算机耗材一批，价款 200 000 元，税款 26 000 元，运费 10 000 元（税率 9%），税款 900 元，当月已认证。材料已验收入库，款项均通过银行转账支付。

（2）5 月 10 日，若上述耗材因故发生意外损失，报经批准将已抵扣的税额转出。

（3）6 月 18 日，销售给 A 公司甲产品一批，价款 10 000 元，税款 1 300 元。收到 A 公司承兑的期限为 3 个月的无息商业汇票，其面值为 11 300 元。

（4）6 月 30 日，本月增值税销项税额为 1 000 000 元，已认证的进项税额为 800 000 元，则转出本月未交增值税额为 200 000 元。

（5）7 月 10 日，通过横向联网电子缴税系统申报 6 月应交增值税 200 000 元，银行据以划缴税款。

（6）9 月 14 日，购买增值税税控系统专用设备以及支付技术维护费，价款 480 元，根据税法规定，允许在增值税应纳税额中全额抵减。

4. 某事业单位作为增值税小规模纳税人在专业业务活动及其辅助活动之外从事非独立核算的生产经营性活动，2024 年发生下列有关增值税业务，请根据有关凭证编制会计分录。

（1）4 月 6 日，购进墨盒一批，价款 17 000 元，税款 2 210 元。发票账单已到，材料已验收入库，款项通过银行转账支付。

（2）5 月 8 日，给某公司提供咨询服务，通过网银转账收到服务费 144 200 元。

应交增值税＝

（3）7 月 10 日，通过横向联网电子缴税系统进行申报第二季度应交增值税 4 200 元，银行据以划缴税款。

5. 某事业单位为增值税一般纳税人，2024 年发生下列有关其他应交税费的业务，请根据有关凭证编制会计分录。

（1）9 月 30 日，按税法规定计算出当月应交城市维护建设税 1 050 元、教育费附加 450 元。

（2）10 月 5 日，通过横向联网电子缴税系统申报上月应交城市维护建设税和教育费附加 1 500 元，银行据以划缴税款。

（3）12 月 31 日，计算出当年应交所得税 32 450 元。

（4）2025 年 1 月 5 日，通过横向联网电子缴税系统申报当年应交所得税 32 450 元，银行据以划缴税款。

6. 某事业单位 2024 年 9 月发生下列有关应缴财政款的业务，请根据有关凭证编制会计分录。

（1）1 日，通过网银转账收到附属单位交来的应上缴财政专户资金 3 200 元。

（2）3 日，通过网银转账向财政专户上缴上述附属单位交来的应上缴专户的资金。

7. 某事业单位（增值税一般纳税人），2024 年发生下列有关应付票据业务，请根据有关凭证编制会计分录。

（1）2 月 1 日，从长城公司购进生产经营活动所需甲材料一批，价款 30 000 元，税款 3 900 元。开出面值为 33 900 元不计息的商业承兑汇票抵付货款，材料已验收入库。

（2）若到 7 月 31 日，上述商业承兑汇票到期，无力偿付票款。

（3）6 月 5 日，开出面值为 20 000 元的银行承兑汇票，支付前欠前进公司经营活动用材料款 20 000 元，并通过银行转账支付 1‰的手续费 20 元。

（4）承（3），9 月 5 日，支付上述银行承兑汇票票款 20 000 元。

（5）7 月 10 日，半年前因购买专用材料开出的工商银行承兑汇票 100 000 元，现无力承兑，转为短期借款。

8. 某行政单位 2024 年发生下列有关应付政府补贴款业务，请根据有关凭证编制会计分录。

(1) 3 月 1 日，按规定应向对口帮扶县农机站补贴农业专项资金 90 000 元。

(2) 承上，3 月 5 日，通过零余额账户支付上述专项资金 90 000 元。

9. 某事业单位 2024 年发生下列有关预提费用业务，请根据有关凭证编制会计分录。

(1) 1 月 20 日，按照 2023 年科研收入（2023 年科研收入为 500 000 元）的 10%计提 2024 年度科研项目管理费。

(2) 承上，6 月 25 日通过网银转账给项目管理团队支付科研项目管理费 2 000 元。

10. 某事业单位（增值税一般纳税人）2024 年发生下列有关长期应付款业务，请根据有关凭证编制会计分录。

(1) 7 月 22 日，为开展生产经营活动以分期付款的方式购进商务用车一辆，价款 550 000 元，税款 71 500 元。合同约定价款分 5 年付清，每年支付 110 000 元。税款 71 500 元已通过网银转账支付，该车辆已交付使用。

(2) 承上，12 月 25 日，收到“财政直接支付到账通知书”，支付上述购进商务用车当年应付价款 110 000 元。

(3) 2027 年 12 月 25 日，经获准豁免支付本年应付购车价款 110 000 元。

11. 某事业单位（增值税一般纳税人）2024 年发生下列有关预计负债业务，请根据有关凭证编制会计分录。

（1）8 月 2 日，与广厦公司签订技术咨询合同，按照合同约定单位若不能按期履行合同，应按合同金额的 10％支付违约金 10 000 元（合同金额 100 000 元）。

（2）承上，10 月 30 日上述合同到期，单位无力履行合同义务，经协商应支付合同违约金 5 000 元。违约金通过网银转账支付。

项目三　收支业务高级实务

一、单选题

1. “上缴上级费用”“对附属单位补助费用”“上级补助收入”“附属单位上缴收入”科目，期末结转至（　　）。

A. 本年利润　　B. 本期盈余

C. 本年盈余分配　　D. 累计盈余

2. 经营业务是指事业单位在专业业务活动及其辅助活动之外开展（　　）所发生的相关业务。

A. 具有经营性质的活动的独立核算单位

B. 独立核算经营活动

C. 非独立核算经营活动

D. 不具有经营性质的活动的非独立核算单位

3. 事业单位本年度经营活动收支相抵后余额弥补以前年度经营亏损后的余额计入（　　）。

A. 非财政拨款结余　　B. 经营结余

C. 其他结余　　D. 财政拨款结余

4. 事业单位计提经营活动所使用固定资产的折旧时，应（　　）。

A. 借：经营费用
　　贷：固定资产累计折旧

B. 借：经营费用
　　贷：专用基金

C. 借：经营费用
　　贷：固定资产

D. 借：单位管理费用
　　贷：固定资产累计折旧

5. 单位接受捐赠的货币资金，财务会计核算应（　　）。

A. 借：捐赠收入
　　贷：本期盈余

B. 借：银行存款/库存现金
　　贷：捐赠收入

C. 借：捐赠收入
　　贷：其他结余

D. 借：本期盈余
　　贷：捐赠收入

6. 单位取得银行存款利息时，财务会计核算应（　　）。

A. 借：利息收入
　　贷：本期盈余

B. 借：银行存款
　　贷：利息收入

C. 借：应收利息
　　贷：利息收入

D. 借：利息收入
　　贷：其他结余

7. 单位实际收到应收的上级补助款时，财务会计核算应（　　）。

A. 借：上级补助收入
　　贷：本期盈余

B. 借：银行存款
　　贷：其他应收款

C. 借：银行存款
　　贷：上级补助收入

D. 借：上级补助收入
　　贷：其他结余

8. 单位取得国有资产出租收入，在租赁期内各个期间按照直线法予以确认时，财务会计核算应（　　）。

A. 借：银行存款
　　贷：应收账款/预付账款

B. 借：应收账款/预付账款
　　贷：租金收入

C. 借：租金收入
　　贷：本期盈余

D. 借：租金收入
　　贷：其他结余

9. 单位处置资产过程中仅发生相关费用没有变价收入时，实际支付的费用应（　　）。

A. 借：资产处置费用
　　贷：银行存款

B. 借：资产处置费用
　　贷：待处理财产损溢

C. 借：应缴财政款
　　贷：资产处置费用

D. 借：固定资产累计折旧
　　贷：资产处置费用

10. 单位按期计算确认借款利息时，应（　　）。

A. 借：其他费用/在建工程
　　贷：其他结余

B. 借：其他费用/在建工程
　　贷：其他应付款

C. 借：其他费用/在建工程
　　贷：其他应收款

D. 借：其他费用/在建工程
　　贷：应付利息/长期借款——应计利息

11. 事业单位按照规定上缴或者按照规定计算出应当上缴上级的费用时，应（　　）。

A. 借：上缴上级费用
　　贷：本期盈余

B. 借：上缴上级费用
　　贷：银行存款/其他应付款

C. 借：上缴上级费用
　　贷：财政拨款收入

D. 借：上缴上级费用
　　贷：其他支出

12. 事业单位按照规定支付或计算出应当对附属单位补助的费用时，应（　　）。

A. 借：对附属单位补助费用
　　贷：本期盈余

B. 借：对附属单位补助费用
　　贷：银行存款/其他应付款

C. 借：对附属单位补助费用
　　贷：其他支出

D. 借：对附属单位补助费用
　　贷：财政拨款收入

13. 事业单位计算出应交所得税时，应（　　）。

A. 借：所得税费用
　　贷：其他应交税费——单位应交所得税

B. 借：其他应交税费——单位应交所得税
　　贷：银行存款

C. 借：所得税费用
　　贷：其他支出

D. 借：所得税费用

贷：本期盈余

14. 事业单位代扣代缴个人所得税以及代扣代缴或为职工缴纳职工社会保险费、住房公积金等时，预算会计账务处理为：按照实际缴纳的金额，借记（　　）账户，贷记“资金结存”等账户。

A. “其他结余”　　B. “财政拨款支出”

C. “事业支出”　　D. “资金结存”

二、多选题

1. 非财政性资金调剂是指部门或行业内上下级事业单位的非财政性资金自下而上的上缴和自上而下的补助。具体包括部门或行业内上下级事业单位之间非财政拨款资金的（　　）。

A. 下级给上级上缴　　B. 上级收到下级的上缴

C. 上级给下级补助　　D. 下级收到下级的补助

2. 下列对有关费用科目的描述正确的是（　　）。

A. 上缴上级费用指事业单位按照财政部门和主管部门的规定上缴上级单位款项发生的费用

B. 业务活动费用指事业单位在专业业务活动及其辅助活动之外开展非独立核算经营活动发生的各项费用

C. 所得税费用指有企业所得税缴纳义务的事业单位按规定缴纳企业所得税所形成的费用

D. 经营费用指事业单位在专业业务活动及其辅助活动之外开展非独立核算经营活动发生的各项费用

3. 单位的零星收入包括（　　）。

A. 捐赠收入　　B. 利息收入

C. 租金收入　　D. 其他收入

4. 下列对“附属单位上缴收入”科目描述正确的是（　　）。

A. 期末将本期发生额转入本期盈余

B. 确认附属单位应上缴的款项时，应借记“应收账款”科目，贷记“附属单位上缴收入”科目

C. 确认附属单位应上缴的款项时，应借记“其他应收款”科目，贷记“附属单位上缴收入”科目

D. 直接收到附属单位上缴的款项时，应借记“银行存款”科目，贷记“附属单位上缴收入”科目

5. 下列对“上级补助预算收入”科目描述正确的是（　　）。

A. 核算事业单位从主管部门和上级单位取得的非财政补助现金流入

B. 核算事业单位取得附属独立核算单位根据有关规定上缴的现金流入

C. 核算行政单位从主管部门和上级单位取得的非财政补助现金流入

D. 按发放补助单位、补助项目等设置明细科目

6. 下列对“附属单位上缴预算收入”科目描述正确的是（　　）。

A. 按附属单位、缴款项目等设置明细科目

B. 核算事业单位取得附属独立核算单位根据有关规定上缴的现金流入

C. 其中如有专项资金收入，还应按照具体项目设置明细科目

D. 核算行政单位取得附属独立核算单位根据有关规定上缴的现金流入

7. 下列对“债务预算收入的”科目描述正确的是（　　）。

A. 核算事业单位按照规定从银行和其他金融机构等借入的、纳入部门预算管理的、不以财政资金作为偿还来源的债务本息

B. 事业单位专属科目

C. 核算事业单位按照规定从银行和其他金融机构等借入的、纳入部门预算管理的、不以财政资金作为偿还来源的债务本金

D. 年末结转后应无余额

8. “其他费用”科目核算的内容包括（　　）。

A. 利息费用　　B. 坏账损失

C. 罚没支出　　D. 现金资产捐赠支出

9. 下列对“经营支出”科目描述正确的是（　　）。

A. 核算事业单位在专业业务活动及其辅助活动之外开展非独立核算经营活动实际发生的各项现金流出

B. 年末将发生额转入“经营结余”科目

C. 年末将发生额转入“其他结余”科目

D. 年末结转后应无余额

10. 下列对“上缴上级支出”科目描述正确的是（　　）。

A. 核算事业单位在专业业务活动及其辅助活动之外开展非独立核算经营活动实际发生的各项现金流出

B. 按收缴款项单位、缴款项目等设置明细科目

C. 年末将发生额转入“其他结余”科目

D. 年末结转后应无余额

11. 下列对“附属单位补助支出”科目描述正确的是（　　）。

A. 按接受补助单位、补助项目等设置明细科目

B. 年末结转后应无余额

C. 核算事业单位按规定上缴上级单位款项发生的现金流出

D. 年末将发生额转入“其他结余”科目

12. 下列关于年末结转“其他支出”有关明细支出中，做法正确的是（　　）。

A. 将其中的非财政专项支出结转到“其他结余”科目

B. 将其中的其他资金支出（非财政非专项资金支出）结转到“其他结余”科目

C. 将其中的财政拨款支出结转到“财政拨款结转”科目

D. 将其中的非财政专项支出结转到“非财政拨款结转”科目

三、判断题

（　　）1. 经营收入是事业单位在专业业务活动及辅助活动之外开展非独立核算经营

活动取得的收入。

（　　）2. 附属单位上缴收入是指事业单位附属的非独立核算单位按规定标准或比例缴纳的各项收入。

（　　）3. “其他费用”科目应当按照其他费用的类别等进行明细核算。单位发生的利息费用较多的，可以单独设置“利息费用”科目。

（　　）4. 事业单位设置“经营费用”科目，核算事业单位用财政拨款收入之外的收入对附属单位补助发生的费用。

（　　）5. 期末，将“上缴上级费用”科目本期发生额转入本期盈余，借记“本期盈余”科目，贷记“上缴上级费用”科目。

（　　）6. 事业单位应当设置“所得税费用”科目，核算有企业所得税缴纳义务的事业单位按规定缴纳企业所得税所形成的费用。

（　　）7. 行政事业单位共有科目有“财政拨款预算收入”“上级补助预算收入”“非同级财政拨款预算收入”。

（　　）8. “债务还本支出”科目核算事业单位偿还自身承担的纳入预算管理的从金融机构举借的债务本金的现金流出。

（　　）9. 其他支出包括利息支出、对外捐赠现金支出、现金盘亏损失、接受捐赠（调入）和债务还本支出等。

四、业务题

1. 某事业单位 2024 年 12 月发生下列有关非财政性资金调剂的业务，请根据有关凭证编制会计分录。

（1）9 日，通过银行转账收到主管部门用其集中的下级上缴款项拨来的补助款 48 000 元。

（2）20 日，通过银行转账收到所属独立核算单位缴来某项收入分成款 2 000 元。

（3）13 日，计算出本月按规定应上缴上级单位的款项 19 200 元。

（4）15 日，通过银行转账实际上缴上述款项。

（5）21 日，按照规定计算出应当补助给所属某独立核算单位款项为 8 000 元。

（6）30 日，通过银行转账向所属某独立核算单位支付上述款项。

2. 某事业单位在专业业务活动及其辅助活动之外开展非独立核算的经营活动，2024 年 12 月发生下列有关经营业务，请根据有关凭证编制会计分录。

（1）6 日，为某单位提供有偿服务，合同约定应收劳务费 5 500 元，款项暂未收到。

（2）20 日，收到银行到账通知，上述应收款项到账。

（3）21 日，所属非独立核算的检测服务部向外提供污染检测服务，应收监测服务费 11 500 元（免税），实际收到 10 000 元，款项通过银行转账收讫。

（4）5 日，收到单位人事部门提供的当月工资表，列明当月开展非独立核算经营活动的人员工资 36 000 元。

（5）6 日，通过网银转账支付上述从事非独立核算经营活动人员工资 36 000 元。

（6）14 日，仓库转来发出材料汇总表中，本月开展非独立核算的经营活动领用乙材料 4 320 元。

（7）16 日，为开展非独立核算的经营活动通过网银转账预付某合作单位劳务款 4 110 元。

(8) 26日，上述协作单位提供协作劳务按合同实际结算劳务费4 110元。

(9) 31日，计提本月非独立核算经营活动用固定资产折旧3 000元。

(10) 31日，计算出本期开展经营活动应缴纳的相关税费600元。

(11) 11日，为开展非独立核算的经营活动购入机器设备一台，价款18 000元，款项通过网银转账支付，发票已收到，设备已验收入库。

(12) 31日，当年“经营预算收入”账户余额为9 128 000元，“经营支出”账户余额为8 921 000元，按规定结转当年“经营预算收入”“经营支出”“经营结余”账户余额。

3. 某事业单位2024年11月及12月发生下列有关零星收支的业务，请根据有关凭证编制会计分录。

(1) 11月1日，收到银行到账通知，某机构捐赠的指定用于某公益项目的款项50 000元到账。

(2) 11月6日，收到某机构捐赠的价值77 000元的设备一台，现金支付相关费用3 000元。

(3) 11月9日，收到某单位捐赠的某种材料一批，该批捐赠材料没有相关凭证，单位也没有采购过同类商品，市场也没有同类商品，该批捐赠商品以名义金额入账，通过银行转账为该批产品支付运杂费 300 元（暂不考虑相关税费）。

（4）11 月 10 日，收到银行存款利息入账通知，本月银行存款利息为 4 800 元。

（5）11 月 11 日，通过银行转账收到承租人预付的全年租金 24 000 元。

（6）12 月 11 日，按照直线法确认本月应确认的租金收入 2 000 元。

（7）12 月 12 日，计算出并确认本月应向承租人收取的房屋租金收入为 8 000 元。

（8）12 月 15 日，通过银行转账收到上述承租人支付的本月租金 8 000 元。

（9）12 月 15 日，按规定程序报经批准，将应付某公司款项 3 300 元列收。

（10）11 月 8 日，计算出当月应缴纳企业所得税 3 200 元。

（11）11 月 9 日，通过网银转账缴纳上述税款。

(12) 11 月 10 日，通过网银转账支付向某慈善机构的捐款 65 000 元。

(13) 11 月 15 日，计算出本期应付工商银行短期借款利息 6 000 元。

(14) 11 月 16 日，通过网银转账支付环境部门执法罚款 50 000 元。

(15) 12 月 31 日，计算出本期应计提坏账准备 4 000 元。

项目四　净资产与预算结余高级实务

一、单选题

1. 在经批准无偿调入净资产的账务处理中，按照调入过程中发生的归属于调入方的相关费用，贷记（　　）科目。

A. “银行存款”等　　B. “文物文化资产”“保障性住房”等
C. “投资收益”　　D. “无偿调拨净资产”

2. 在“累计盈余”的账务处理中，按照规定上缴财政拨款结转结余、缴回非财政拨款结转资金、向其他单位调出财政拨款结转资金时，按照实际上缴、缴回、调出金额，其财务会计账务处理为（　　）。

A. 借记或贷记“无偿调拨净资产”科目，贷记或借记“累计盈余”科目
B. 借记“累计盈余”科目，贷记“财政应返还额度”“银行存款”等科目
C. 借记或贷记“以前年度盈余调整”科目，贷记或借记“累计盈余”科目
D. 借记“专用基金”科目，贷记“累计盈余”科目

3. 在经批准无偿调出净资产的账务处理中，按照调出过程中发生的归属于调出方的相关费用应（　　）。

A. 借记或贷记“以前年度盈余调整”科目，贷记或借记“资产处置费用”科目
B. 借记“资产处置费用”科目，贷记“银行存款”等科目
C. 借记或贷记“长期股权投资——其他权益变动”科目，贷记或借记“无偿调拨净资产”科目
D. 借记“无偿调拨净资产”科目，贷记“银行存款”等科目

4. 在“以前年度盈余调整”科目的账务处理中，盘盈的各种非流动资产，报经批准后处理时应（　　）。

A. 借记“待处理财产损溢”科目，贷记“以前年度盈余调整”科目
B. 借记或贷记“累计盈余”科目，贷记或借记“以前年度盈余调整”科目
C. 借记“业务活动费用”等科目，贷记“以前年度盈余调整”科目
D. 借记或贷记“以前年度盈余调整”科目，贷记或借记“以前年度盈余调整”科目

5. 使用专用基金购置固定资产、无形资产时，应将购置成本转入（　　）。

A. 累计盈余　　B. 本期盈余
C. 本年盈余分配　　D. 无偿调拨净资产

6. 以下净资产科目年终有余额的是（　　）。

A. “本期盈余”科目　　B. “无偿调拨净资产”科目
C. “累计盈余”科目　　D. “本年盈余分配”科目

7. 单位本年度发生的重要前期差错更正，涉及调整以前年度盈余的事项，应该通过（　　）科目核算。
A. “本年盈余分配”　　B. “以前年度盈余调整”
C. “累计盈余”　　D. “本期盈余”

二、多选题

1. 下列有关“累计盈余”科目的表述中，正确的是（　　）。
A. “累计盈余”科目核算单位历年实现的盈余扣除盈余分配后滚存的金额
B. “累计盈余”科目年末余额，仅反映单位未分配盈余的累计数
C. 因无偿调入调出资产产生的净资产变动额属于累计盈余
D. 按照规定上缴、缴回、单位间调剂结转结余资金产生的净资产变动额，以及对以前年度盈余的调整金额，不属于累计盈余

2. 下列有关“无偿调拨净资产”科目的表述中，正确的是（　　）。
A. “无偿调拨净资产”科目年末余额结转到“累计盈余”科目
B. 年末结账后，本科目仍有余额
C. “无偿调拨净资产”科目核算单位无偿调入或调出非现金资产所引起的净资产变动金额
D. 本科目按照被投资单位进行明细核算

3. 累计盈余包括（　　）。
A. 历年实现的盈余扣除盈余分配后滚存的金额
B. 因无偿调入调出资产产生的净资产变动额
C. 按照规定上缴、缴回、单位间调剂结转结余资金产生的净资产变动额
D. 对以前年度盈余的调整额
E. 使用专用基金购置固定资产、无形资产时，购置成本额的转入数

三、判断题

（　　）1. “权益法调整”科目期末余额，反映事业单位在被投资单位除净损益和利润分配以外的所有者权益变动中累积享有（或分担）的份额。

（　　）2. 在以前年度收入和费用调整的账务处理中，调整增加以前年度收入时，按照调整增加的金额，借记“以前年度盈余调整”科目，贷记有关科目。调整减少的，做相反会计分录。

（　　）3. 将“以前年度盈余调整”科目的余额转入“累计盈余”科目，应借记或贷记“以前年度盈余调整”科目，贷记或借记“累计盈余”科目。

（　　）4. 单位按照规定上缴、缴回、单位间调剂结转结余资金产生的净资产变动额，以及对以前年度盈余的调整金额，也通过“累计盈余”科目核算。

（　　）5. “以前年度盈余调整”科目，借方登记调整增加以前年度收入的金额、盘盈的各种非流动资产的报经批准额及期末结转额，贷方登记调整增加以前年度费用的金额以及期末结转额。期末结转后，应无余额。

（　　）6. “权益法调整”科目年终需要转入“累计盈余”科目。

（　　）7. “无偿调拨净资产”科目年末结转后应无余额。

四、业务题

某事业单位2024年12月办理下列有关累计盈余及其调整业务，请根据有关凭证编写会计分录。

（1）5日，取得无偿调入专用运输设备一台，价款75 000元。设备已交付使用，通过网银转账支付安装调试费5 000元。

若到31日“无偿调拨净资产”科目贷方余额为75 000元，则转入累计盈余。

（2）8日，向异地办公点无偿调出行政办公设备一台，交接手续已经办妥。取得该设备共支付价款40 000元，已计提折旧12 000元，支付运输费2 000元，运输费已付讫。

若到31日“无偿调拨净资产”科目借方余额为28 000元，则转入累计盈余。

（3）13日，按财政拨款计划，向下属单位拨款结转资金100 000元，款项已通过银行划拨支付。

（4）17日，按财政拨款计划，收到上级部门调入财政拨款结转资金150 000元，款项已通过银行划拨收到。

（5）24日，使用从非财政拨款结余中计提的修购基金购置设备一套，价值48 000元，价款通过网银转账支付。

（6）31日，将本年计提专用基金后的非财政拨款结余37 500元转入累计盈余。